Honig

Honig

Rezepte und Geschichten einer Imkerin

AMY NEWSOME

Fotografien von Kim Lightbody
Aus dem Englischen von Brigitte Rüßmann und Wolfgang Beuchelt

KNESEBECK

006	Einleitung
010	Das Imkerjahr
024	Mit Honig kochen
034	Honigterroir
044	Bienen im Garten
060	Kapitel 1 – Im Glas
076	Kapitel 2 – Kleine Gerichte
104	Kapitel 3 – Hauptgerichte
138	Kapitel 4 – Gebackenes
212	Kapitel 5 – Eis
226	Kapitel 6 – Getränke
244	Register
252	Danke!
253	Die Autorin
254	Hinweise zu den Rezepten

Einleitung

Honig spielt seit über 10 000 Jahren eine Rolle in unserem Leben. Höhlenmalereien aus der Steinzeit stellen Honigjäger dar, und ägyptische Hieroglyphen zeigen Imker mit traditionellen Tonröhren-Bienenstöcken. Vergangenheit und Gegenwart beinahe aller Kulturen sind von der süßen Magie des Honigs durchtränkt.

Honig eröffnet uns eine ungeahnte Geschmackswelt. Wir süßen Tee mit Honig, träufeln ihn auf Joghurt, streichen ihn auf Brot – und wer einmal rohen, unverarbeiteten Honig gekostet hat, schmeckt sofort den himmelweiten Unterschied zum faden Honigprodukt in Plastikflaschen aus dem Supermarktregal.

Das Wunderbare an Honig ist, dass kein Honig wie der andere ist. Honigbienen sammeln Nektar und Pollen in einem Umkreis von bis zu drei Kilometern um ihren Stock. Da jede Pflanze einen einzigartigen Honig mit spezifischem Gechmack, Farbe, Aroma und Viskosität ergibt, ist die Imkerei ganz auf den natürlichen Nektarfluss abgestimmt. Imker:innen wissen, wann welche Pflanze blüht und verblüht ist. Sie sind genau wie die Winzer:innen mit den Kreisläufen der Natur bestens vertraut.

So ist ein englischer Frühlingshonig dank der Brombeer- und Weißdornblüten zart golden und zähflüssig, der Honig im Herbst dagegen dunkler, flüssiger und gibt Pflanzennoten von Efeu und Weidenröschen wieder. Und ein australischer Winterhonig von Eukalyptusblüten schimmert tiefrot und riecht aromatisch nach Eukalyptusöl.

Dieses Buch wollte ich schreiben, um zu zeigen, wie wunderbar und abwechslungsreich das Imkern ist und wie vielseitig man Honig in der Küche einsetzen kann. Ich folge den Bienen hier durch die Jahreszeiten mit ihren wechselnden Blüten, erläutere, wie Honig entsteht und warum gerade Honig von lokalen Imker:innen der köstlichste Ausdruck eines Terroirs ist – ebenso wie guter Wein, Olivenöl, Kaffee oder Schokolade. Tipps zum bienenfreundlichen Gärtnern habe ich reichlich. Mein Wissen hierüber konnte ich während der Ausbildung zur Gärtnerin und Gartendesignerin in den Londoner Kew Gardens sammeln. Nicht zuletzt geht es mir um das Wunder der Bestäubung. Die blühenden Pflanzen und ihre bestäubenden Insekten arbeiten im Team – und wir ernten ihre mühevolle Arbeit in Form von süßestem Gold.

Schon seit Urzeiten hat Honig die Menschen bei der Zubereitung von Speisen und Getränken inspiriert. In diesem Buch finden alle neugierigen Koch- und Backbegeisterten wunderbare Varianten bekannter Lieblingsrezepte mit Honig, traditionelle Honigrezepte, aber auch ganz neue Honigkreationen.

Oft werde ich gefragt: »Was bist du nun eigentlich? Imkerin, Gärtnerin oder Köchin?« Häufig interessiert dies Menschen, die meine Tätigkeit zuordnen möchten und wissen möchten, was bei alldem »nur« Hobby ist. Auf mich trifft jedoch weder die Bezeichnung Imkerin, Gärtnerin noch Köchin eindeutig zu. Ich widme mich allen drei Bereichen mit gleicher Leidenschaft, denn sie lassen sich nicht voneinander trennen. Ich bin überzeugt: Man kann Bäcker:in und Autor:in zugleich sein – und beides mit Hingabe.

Dieses Buch ist meine Liebeserklärung an gutes Essen, guten Honig – und an die Bienen. Ich bin erst seit sechs Jahren Hobbyimkerin, was für einen der ältesten Berufe der Welt wahrlich nicht besonders lange ist. Mein Buch soll daher daher kein umfassendes Werk über Honig oder die Imkerei sein, sondern ich möchte mein Wissen teilen, um andere neugierig auf die faszinierende Welt der Bienen zu machen.

In meiner Heimat Großbritannien assoziieren viele Menschen das Imkern mit der Generation der Großeltern, mit regionalem Honig und traditionellen Rezepten. Bei mir ist das anders.

Ich lebe in London, und die köstlichen Kreationen der begabten Köch:innen, Bäcker:innen, Barkeeper:innen und Restaurantbesitzer:innen in dieser Stadt lassen mir das Herz aufgehen. In meinem Buch greife ich ihre Einflüsse auf und benutze zum Beispiel für einige Rezepte ausgefallenere Zutaten wie Loomi (schwarze Limetten) oder mexikanische Guajillo-Chilis. Außerdem verwende ich häufig Geräuchertes, da ich gern über offenem Feuer koche.

Ich habe keine professionelle Kochausbildung, und ich bin keine Ernährungsanthropologin. Mir ist bewusst, dass ich noch viel lernen kann über die wunderbare Vielfalt an Honigen, Honigrezepten und den verschiedenen Imkerpraktiken aus aller Welt. Aber in diesem Buch findet sich all das an Wissen und Erfahrung, was ich derzeit weitergeben kann.

Ich hoffe, mein Buch macht gespannt darauf, mehr über die Welt des Honigs, der Bienen, die Imkerei und bienenfreundliches Gärtnern zu erfahren – und darauf, endlich loszulegen und neue Rezepte mit Honig auszuprobieren.

Das Imkerjahr

Frühling

März

Im Bienengarten weicht im März, wenn Krokus, Geißblatt und Buschwindröschen zu blühen beginnen, langsam die geisterhafte Stille des Winters. Die Temperaturen steigen (und sinken verlässlich wieder und bescheren Frost, der die Magnolienblüten dahinschwinden lässt), und die zunehmenden Sonnenstunden wecken die Bienen aus ihrer Winterruhe. Mit wachsender Ungeduld umschleiche ich nun die Bienenstöcke, warte auf das erste Summen hinter dem Flugloch, das mir sagt, dass das Bienenvolk gut durch den Winter gekommen ist. Im Stock lösen die Bienen sich aus der Wintertraube und bewegen die Flügel stärker, was die Temperatur im Stock auf wohlige 35 °C erhöht. Die Königin legt wieder bis zu 2 000 reiskorngroße Eier, damit ihr Volk zur Nahrungssuche im Frühling zahlenmäßig groß genug ist.

An Tagen, an denen die Temperaturen um die 14 °C erreichen, fliegen Arbeiterinnen aus und peilen die ersten Frühlingsblüten in der Nähe des Stocks an – hier im Süden Englands sind dies die Blüten von Schwarzdorn, Holzapfel, Weide und Vogelkirsche. Meist ist es im März jedoch noch zu kalt, um den Bienenstock zu öffnen und genauer nachzusehen. Ich wage es aber, den Boden der Brutraumzarge leicht anzuheben, um ihr Gewicht zu schätzen. Fühlt sie sich leicht an, kann es sein, dass die Bienen keinen Honig mehr haben und gefüttert werden müssen, weil noch nicht genügend Blüten vorhanden, die Temperaturen zum Ausfliegen noch zu niedrig oder noch nicht genügend Arbeiterinnen geschlüpft sind. Genau wie im Winter füttere ich die Bienen entweder mit ihrem eigenen Honig, den wir eingelagert haben, oder, falls sie im Vorjahr nicht genügend Honig produziert haben, mit Fondant-Futterteig.

April – erste Einblicke in den Stock

Beim ersten Öffnen des Stocks im Frühling schlägt mir meist das Herz bis zum Hals. Kleinere, schwächere Völker haben es vielleicht nicht durch den Winter geschafft, und der Anblick einer stillen Traube verendeter Bienen bestürzt mich jedes Mal. Bei noch recht frischen Temperaturen verläuft die erste Kontrolle des Stocks konzentriert und zügig, um die Wärme der Bienen zu erhalten. Ich kann es kaum erwarten zu sehen, wie es ihnen geht.

Wie wir Menschen, so verschließen Bienen, wenn es kalt ist, jede zugige Lücke im Holz mit Bienenwachs und Propolis – einem Kittharz, das die Bienen an verschiedenen Baumarten (häufig Pappeln) sammeln. Die Bezeichnung Propolis kommt vom Altgriechischen *pró* (»vor«) und *pólis*, was »Stadt«, »Stadtstaat« oder »Gemeinschaft« bedeutet. Der Imker-Stockmeißel ist jetzt mein Schlüssel zu dieser verschlossenen Stadt, ein praktischer Hebel, der die einzelnen Zargen der Beute (Bienenwohnung) mit einem befriedigenden »knack!« trennt.

Damit die Bienen nicht unterkühlen, nehme ich jetzt zügig den Deckel vom Stock ab, arbeite mich mit Bedacht bis zum Brutraum vor und löse ihn für einen kurzen Blick aus seiner klebrigen Propoliseinfassung. Die Bienen sind langsam. Ich erspähe die Königin, die auf der Suche nach der nächsten sechseckigen Brutzelle umherwandert. Da alles so weit in Ordnung zu sein scheint und die Bienen nicht zu sehr auskühlen sollen, widerstehe ich der Verlockung, den Stock noch genauer durchzusehen. Ich setze die Beute rasch wieder zusammen, damit meine Bienen es weiter warm haben.

Ein echter Überwinterungserfolg ist für ein Bienenvolk von mehreren Faktoren abhängig. Vor allem muss die Königin zügig mit der Eiablage beginnen, damit genügend neue Arbeiterinnen die erschöpfte Winterpopulation unterstützen, während alte und neue Arbeiterinnen genügend Nahrung für den Babyboom sammeln müssen – eine feine Gratwanderung. Das unvermeidliche Aprilwetter macht es noch schwerer, denn im Regen können die Bienen nicht ausfliegen, sondern harren aus, während sie die Reste ihrer Wintervorräte aufbrauchen. Dies ist eine nervenzehrende Zeit für mich. Häufig stehe ich im April besorgt an den Beuten oder in der Küche am Herd, wo ich schon einmal Zuckersirup als Bienenfutter vorbereite, falls die Vorräte der Bienen zu knapp geworden sind oder die Wettervorhersage schlecht ist.

Wie die Bienen in ihren Stöcken, sitzt der Imker:innennachwuchs im Winter in der warmen Stube, und zwar im Klassenraum, lernt die Theorie des Imkerhandwerks und erwartet die ersten Praxistage. Im April ist es endlich so weit. Hier in Großbritannien ist der Moment günstig, wenn die Blut-Johannisbeere *(Ribes sanguineum)* blüht. Dann ist es für gewöhnlich um die 17 °C warm und der Zeitpunkt ideal, um alle sieben bis zehn Tage eine volle Stockinspektion vorzunehmen. Die Zeitumstellung ist bereits erfolgt, die Abende sind länger hell, und es macht Spaß, im Bienengarten zu werkeln.

Unter den wachsamen Augen eines erfahrenen Mentors heben die Jungimker:innen nun Dach und Innendeckel des Bienenstocks zum ersten Mal ab. Kein Theorieunterricht kann einen auf dieses erhebende Gefühl vorbereiten, endlich in einen lebenden Stock zu blicken und die surrende Masse aus Körpern zu bestaunen. Bei manchen löst das Surren aufsteigender Bienen, die »Hallo« sagen (bzw. fragen: »WER bist denn DU?«) einen panischen Fluchtreflex aus. Glücklicherweise ist für viele andere die Spannung, den Arbeiterinnen bei der Arbeit zuzusehen und endlich mit eigenen Augen die winzigen Eier erspähen zu können, der Beginn eines wunderbaren Abenteuers als Imker:in.

Stock 4: Donnerstag, 14. April, 16 Uhr
17 °C, sonnig, leichter Wind
<u>Notizen:</u>
Erste volle Inspektion nach dem Winter.
Starke Aktivität am Flugloch, reichlich Pollen werden angeflogen.
Überwinterung mit zwei Bruträumen, kein Absperrgitter, ein Honigraum.
Entspannte Stimmung, Honigraum leer.
<u>Oberer Brutraum:</u> Königin mit blauem Punkt. 8 Rähmchen mit Brut in allen Stadien; reichlich Pollen in unterschiedlichen Schattierungen. Keine sichtbaren Anzeichen für Befall durch Varroamilben oder Wachsmotten. Alte Brutrahmen schon nach außen gesetzt.
<u>Unterer Brutraum:</u> Vorwiegend alte Rahmen; sehr dunkle Waben. Leer, keine Eier, keine Brut, kein Futter. Schimmelbefall an Randwaben.
<u>Erledigt:</u> Unteren Brutraum entfernt und Waben entsorgt. Absperrgitter eingesetzt und ein Paket Fondant-Futterteig daraufgesetzt; Innenleben des Honigraums mit inneren Rähmchen entfernt. Untergestell gegen frisch angestrichenes ausgetauscht. Gras um und unter dem Stock geschnitten. Fluglochkeil entfernt.
<u>Nächstes Mal:</u> Futtermenge kontrollieren – bisher noch kein Nektar, Honigraum ist leer. Falls nötig, Frühlingssirup anmischen. Honigraum und zweiten Brutraum mit Rahmen vorbereiten. Varroaboden einsetzen.
<u>In Blüte:</u> Birne, Mispel, Narzisse, Quitte, Trauerweide, Tulpen, Weißdorn.

Mai

Jedes Bienenvolk besteht aus drei Arten von Bienen: der Königin, einer saisonal wechselnden Anzahl männlicher Drohnen und weiblichen Arbeiterinnen, die rund 90 Prozent des Volks ausmachen. Sobald eine Arbeiterin alt genug ist, um Nahrung zu sammeln, fliegt sie aus und sucht emsig nach Nektar oder Pollen. Während sie von Blüte zu Blüte fliegt, bestäubt sie die Pflanzen. Der Pollen bleibt in ihrer Behaarung hängen, und die Biene bürstet ihn zum Transport in die Pollenhöschen an ihren Hinterbeinen. Durch den farblich unterschiedlichen Pollen verschiedener Pflanzen entsteht eine bunte Landkarte der Nahrungssuche der Biene. Das Orange des Löwenzahns liegt dicht neben dem zarten Gold des Weidenröschens oder dem schwarzen Pollen des Türkischen Mohns.

Die Königin ist deutlich größer als die Arbeiterinnen und Drohnen und gut an ihrem längeren, schlanken Abdomen erkennbar, das sich weit über das hintere Ende ihrer angelegten Flügel erstreckt. Bei betreuten Völkern ist sie leicht zu erkennen, da sie mit einem farbigen Punkt markiert wird. Diese Markierung zeigt auch ihr Alter an. Da Königinnen fünf Jahre alt werden können, gibt es fünf Markierungsfarben, die sich alle fünf Jahre wiederholen. Eine Königin, die 2023 geboren wird, wäre demnach rot markiert.

ENDZIFFER DER JAHRESZAHL	FARB-PUNKT	MERK-SATZ*
1 oder 6	Weiß	Weiß,
2 oder 7	Gelb	gelb und
3 oder 8	Rot	rot
4 oder 9	Grün	grünen die Rosen
5 oder 0	Blau	vor blauem Himmel

* Weiß, gelb und rot grünen die Rosen vor blauem Himmel.
* Englischer Merksatz: Will You Raise Good Bees (white, yellow, red, green, blue).

Bei der Inspektion des Stocks überprüfe ich, ob ein Volk »weiselrichtig« ist, ob also eine Königin vorhanden ist, die Eier legt, denn dann geht es dem Volk für gewöhnlich gut. Während der Schwarmsaison von Mai bis September kann ein Volk »schwarmtriebig« werden. Dies beginnt gewöhnlich damit, dass es eine neue Königin aufzieht. Da die Königin sehr groß ist, benötigt sie eine besondere Zelle. Fertige Weiselzellen (Königinnenzellen) erinnern an Erdnussschalen. Übung macht auch bei diesen hochspezialisierten Zellen den Meister – und so bauen die Arbeiterinnen eines Volks, das in Schwarmstimmung kommt, erst einmal »Spielnäpfchen«, kugelige Zellen mit wulstigem Rand. Bei jeder Stockinspektion halte ich nach diesen Zellen Ausschau und prüfe, ob sie erweitert, »bestiftet« (mit einem Ei bestückt) und mit dem nährstoffreichen Gelée royale gefüllt sind. Ist dies der Fall, kann sich der/die Imker:in durch einen Kunstschwarm ein neues Volk ziehen. Dazu gibt man den Rahmen mit der bestifteten Weiselzelle und ein paar Rahmen mit Bienen, Brut und Nahrung in einen freien Stock. Mit etwas Glück schlüpft die Königin, und das neue Volk füllt die Brutbox. Nun muss die neue Königin noch mit einem farbigen Punkt markiert werden. Diese Prozedur erfordert ein klitzekleines Werkzeug, das für Hans Christian Andersons *Däumelinchen* geeignet wäre: einen winzigen Königinnenkäfig, ein Farbtöpfchen, ein Streichholzende und eine ruhige, sanfte Hand.

Stock 3: Donnerstag, 12. Mai, 16 Uhr
19 °C, bewölkt, windstill

<u>Notizen:</u> Volk enorm gewachsen.
Stock quillt über vor Bienen. Gut gelaunt.
Einige Weiselzellen, eine davon bestiftet. Entfernt.
Königin gesichtet und Brut in allen drei Stadien.
Wildbau im Honigraum, wo sie ein Paket Futterteig aufgefressen haben. Ein paar Varroamilben entdeckt!
<u>Erledigt:</u> Brutzargen und Honigzarge aufgesetzt.
Bodeneinlage für Milbenzählung eingeschoben.
<u>Nächstes Mal:</u> Gemüll auf Varroamilben kontrollieren. Wildbau durch Rähmchen ersetzen.
<u>In Blüte:</u> Apfel, Blauregen, Iris, Löwenzahn, Rote Lichtnelke, Trauerweide, Tulpen.

Sommer

Juni

*»Ein Bienenschwarm im Mai ist wert ein Fuder Heu,
ein Bienenschwarm im Juni ist wert ein fettes Huhn,
ein Bienenschwarm im Juli, kaum eine Federspul'.«*

Diese Bauernregel aus dem 17. Jahrhundert hat noch immer Bestand. Im Juni sieht man häufig Imker:innen Hecken absuchen, auf Dächer und zu Schornsteinen hinaufspähen oder mit einem Bettlaken oder einem Karton in Aktion, um den eigenen Bienenschwarm einzufangen oder Kolleg:innen dabei zu helfen. Im Juni hat ein Schwarm noch ausreichend Zeit, sich einzuleben und bis zum Winter zu einem großen Volk heranzuwachsen. Im Spätsommer wird für den Schwarm die Zeit dafür schon knapp.

Das Schwärmen ist ein normales Phänomen, das man mit etwas Glück beobachten kann. Es zeigt die Vermehrung eines Superorganismus, bei dem das Volk sich teilt, eine neue Königin aufzieht, die mit der jüngeren Arbeiterinnengeneration im alten Stock bleibt, während sich die alte Königin mit den reiferen Arbeiterinnen auf die Suche nach einem neuen Zuhause macht. Sobald die Spurbienen ausfliegen, um nach einer brauchbaren Behausung für den Schwarm zu suchen, bilden die Arbeiterinnen an einem Ast, Tischbein oder Schornstein eine Schwarmtraube um die Königin. Ein erstaunlicher Anblick, aber kein Grund zur Panik, denn die Schwärme sind erstaunlich ruhig. Eine Schwarmtraube fühlt sich fast wie eine cremige Mousse an und lässt sich portionsweise von Hand in eine Kiste füllen und in einen neuen Stock setzen.

Mittwoch, 15. Juni, 15 Uhr
Schwarm!

<u>Notizen:</u> Am Gartenweg rechts ein sanftes Brummen gehört: Eine große Schwarmwolke hatte sich über dem Bienengarten gesammelt. Stock 1 schwärmt! Ich hielt mich fern und gärtnerte weiter, während die Bienen entschieden, wohin sie schwärmen wollten.

Eine halbe Stunde später hatten die Bienen in einem Baum in der Nähe eine Traube gebildet, zum Glück in Kopfhöhe. Habe einen neuen Stock mit Rahmen für sie vorbereitet und einen alten Styroporablegerkasten, Gartenschere und Imkerbesen bereitgelegt.

Zur Sicherheit habe ich meinen Imkeranzug angezogen und den Smoker angezündet. Habe den Kasten dicht unter die Traube gehalten und den Ast abgeschnitten, sodass die Traube sanft in den Kasten fiel. Den Ast habe ich danach vorsichtig herausgezogen und die restlichen Bienen abgefegt.

Es hat geklappt! Habe den Schwarm in die Beute gesetzt und ein wenig Honig aus dem alten Stock eingehängt. Hoffe, sie nehmen das neue Heim an!

<u>Nächstes Mal:</u> Den Schwarm in einer Woche kontrollieren, im Stock nach der neuen Königin suchen.

<u>In Blüte:</u> Brombeere, Esskastanie, Klee, Sommerflieder.

Für Imker:innen, die Honig ernten möchten, ist das Schwärmen ungünstig, denn durch die Vermehrung verlieren sie alle nektarsammelnden Bienen und ihre verlässliche Königin. Man muss dann warten, bis die neue Generation herangewachsen ist und mit dem Sammeln beginnt, während die neue Königin sich zuerst paaren muss, bevor sie Eier legen kann. All das stoppt den Honigfluss für mehrere Wochen, und oft folgen noch Nachschwärme. Daher versuchen viele Imker:innen in Großbritannien, ein Schwarmgeschehen zu vermeiden, indem sie vorsorglich Ableger bilden, den Bienen also praktisch vorgaukeln, sie seien bereits geschwärmt. Einige Imker:innen erweitern den Brutraum in der Hoffnung, dass die großzügige Vergrößerung des Baus die Bienen davon überzeugt, im Stock zu bleiben.

Es gibt viele verschiedene Arten der Imkerei, die mehr oder weniger stark in das natürliche Geschehen eingreifen. Nicht alle versuchen, das Schwärmen zu unterbinden. Was genau der Auslöser dafür ist, dass Bienen schwärmen, wird noch erforscht. Es ist jedoch ein natürlicher Trieb, und ihn zu unterbinden fühlt sich für mich zwiespältig an.

Juli

Die Beziehung zwischen Imker:in und Bienen ist je nach Saison mal mehr, mal weniger intensiv. Im Sommer bin ich ständig bei meinen Bienen. Ich trage Holz und schwer mit Honigwaben beladene Rähmchen durch das hohe Gras mit den blühenden Margeriten hin und her. Alles klebt vor Honig, und die sonnenwarme Luft ist erfüllt vom Surren schlagender Bienenflügel. Bei der Stockinspektion quellen aus den sich auftuenden Ritzen emsige Arbeiterinnen vor meiner Haube auf und verfolgen mich dann halbherzig bis zum Schuppen.

Manchmal kommt man mit der Honigproduktion kaum hinterher, wenn die Bienen im Sommer einmal im vollen Schwange sind. Der Stock wird mit jedem Honigraum höher und höher. Es ist schon ein kleines Wunder zuzusehen, wie sich die leeren Rahmen beständig füllen.

Die Arbeiterinnen produzieren mit Hilfe der Wachsdrüsen an ihrem Abdomen große Wachsplättchen – ein wenig wie, hm, die Schuppen auf unserer Kopfhaut –, die sie dann durch Kauen zerkleinern und akurat zu sechseckigen Zellen formen. Daraus bauen sie zu beiden Seiten der Mittelwände die Waben auf. Im Hochsommer dauert dies nur wenige Tage. Wenn ich montags einen neuen Honigraum aufsetze, kann er schon in der nächsten Woche vollständig gefüllt sein.

August

Bei der Heideimkerei, einer alten Art der Wander-Schwarmimkerei, ist der Spätsommer die Zeit, sich zu sputen. Die Beuten werden verschlossen, im Morgengrauen auf Wagen verladen und mitten in die violett blühende Heide gefahren, um den Nektar der Glockenheide sammeln zu können, bevor die Blüten so rasch verblühen, wie sie sich geöffnet haben. Manchmal dauert die Blüte nur sechs Tage. Heidehonig ist einzigartig, da er thixotrop ist, was an sich schon ein einzigartiges Wort ist. Es bedeutet, dass der Honig durch Bewegung wie Umrühren flüssig wird, aber seine geleeartige Konsistenz wieder annimmt, sobald man ihn stehen lässt. Darüber hinaus hat dieser Honig eine einzigartige Zusammensetzung – dank der heilenden Eigenschaften genießt er einen ebenso guten Ruf wie Manukahonig (siehe S. 41). Für mich lohnt Heidehonig den ganzen Aufwand schon allein wegen seines besonderen Geschmacks – aromatisch, tief und zugleich herb und harzartig. Ich liebe ihn zu Desserts auf Sahnebasis, wie Panna cotta (siehe S. 210) oder Custard Tart (siehe S. 188).

Mittwoch, 9. / 10. August:
Ich helfe Simon, seine Bienen in die Heide zu fahren.
Ein paar Tage habe ich mit dem Imker Simon Noble und seiner Auszubildenden Chloe im New-Forest-Nationalpark verbracht, um von Simon ein paar Tricks und Kniffe zu lernen. Ich habe den beiden geholfen, die Bienen in die Heide zu bringen. Simon hat 70 Beuten und eine Sondergenehmigung, ein paar seiner Völker im Nationalpark in der Heide aufzustellen, wenn sie zwischen Ende Juli und Ende August für rund sechs Wochen blüht.

Wir treffen uns um 5.30 Uhr in Simons Bienengarten im Wald. Wir verschließen zuerst die Fluglöcher der Beuten mit Schaumstoff und bringen dann die Beuten mit Schubkarren vorsichtig zum Transporter. Dann zwängen wir uns zu dritt in den Wagen, Thermosflaschen mit Tee zwischen den Beinen, und fahren bei Sonnenaufgang durch das alte Waldgebiet hinaus in die Heide. Mit einem Spezialschlüssel der Nationalparkverwaltung gelangen wir in einen entlegeneren Teil abseits der Hauptrouten und finden einen wunderbar ruhigen Fleck für die Bienen.

Wir laden zuerst die Beuten im taunassen Farngestrüpp ab, bevor die Sonne über den Baumwipfeln auftaucht. Am Waldrand mit Blick über die Heide reihen wir die Beuten auf und versuchen dabei, nicht über umgestürzte Bäume zu stolpern oder in Kuhfladen zu treten. Bei einer Tasse Tee genießen wir die Aussicht, während die Bienen sich an ihre neue Umgebung gewöhnen.

Nach der starken Hitzewelle und Trockenheit im vergangenen Sommer fürchtet Simon, dass die Heide dieses Jahr wenig Nektar liefern wird.

Aufgrund seiner geleeartigen Konsistenz ist Heidehonig schwerer zu ernten. Simon nutzt dazu eine Apfelpresse. Wegen des Mehraufwands und der besonderen Kenntnisse, die man zur Herstellung dieses Honigs benötigt, ist Heidehonig auch teurer. Für Simons Imkerbetrieb ist die Produktion finanziell jedoch wichtig, außerdem hat Heidehonig eine sehr lange Tradition, die es wert ist, erhalten zu werden. Auch wenn es dieses Jahr vielleicht nicht so viel Honig gibt, freut es Simon sehr, dass seine Bienen das, was sie in der Heide vorfinden, genießen. Simon entnimmt nur die Honigmengen aus dem Stock, die die Bienen nicht benötigen.

Dann ruft Simon, wir sollen ihm folgen, und flitzt zu einer nahen Baumgruppe. Er will nach einem Wilden Volk sehen, das er letztes Jahr in einer Eibe entdeckt hat. Immer noch mit Teetassen in der Hand und mit Teeflecken auf den Imkeranzügen, spähen wir durch das Geäst und beobachten das Ein- und Ausfliegen der Bienen aus einem Hohlraum im Stamm.

Wir packen zusammen und fahren zu Simons Imkerei, wo Chloe und ich ein paar Stunden damit verbringen, Rahmen zu entdeckeln, zu schleudern und frischen Honig von einer der Honigwiesen abzufüllen. Am Mittag fahren wir an die Küste und hüpfen kurz ins Meer, dann mache ich mich im Nachmittagsdunst wieder auf den Weg nach London.

Herbst

September, Oktober – Honigsaison

Imker:innen ernten Honig zu unterschiedlichen Zeiten mit unterschiedlichen Zielen. Wer seine Bienen und das lokale Trachtangebot im Auge behält und weiß, welche Pflanzen gerade blühen, kann beispielsweise eine leere Honigzarge aufsetzen, sobald die Brombeeren blühen, und sie abnehmen, sobald sie verblühen, um Brombeerhonig zu ernten. In der Praxis lässt sich allerdings schwer nachvollziehen, wo die Bienen waren, wenn die Stöcke nicht gerade in einer großen Monokultur stehen.

Wir ernten Honig den Sommer hindurch bis in den September und lassen den Bienen genug als Futter für den Winter. Im September und Oktober geben wir den Bienen dann Zeit, um das letzte Trachtangebot des Jahres zu nutzen und um ihre Wintervorräte weiter aufzustocken – wenn das Wetter es möglich macht.

Volle Honigzargen können bis zu zwölf Kilogramm wiegen, sind also unhandlich und schwer zu bewegen. An einem heißen Tag erregt der Duft der Honigzargen außerdem viel Aufmerksamkeit bei Bienen anderer Stöcke und bei wagemutigen Wespen, die den Honig rauben wollen. Ist die Honigzarge erst einmal mit so wenigen mitreisenden Insekten wie möglich sicher in der Küche oder im Schuppen angekommen, kann der Honig extrahiert werden. Die Rahmen sind prall mit Waben gefüllt, alle mit einer frischen Wachsschicht verdeckt, damit der Honig nicht heraustropft. Mit einer großen, erhitzten Entdeckelungsgabel schneide ich vorsichtig die Deckel von den hexagonalen Zellen ab und achte dabei darauf, möglichst wenig Honig zu verlieren. Das klebrige Bienenwachs hebe ich auf, um es zu reinigen, einzuschmelzen und zu klären. Der entdeckelte Rahmen kommt in eine Honigschleuder, das sind im Prinzip große Salatschleudern aus Metall, die je nach Größe vier bis zwölf Rahmen fassen. Da Honig dick und zähflüssig ist, braucht es Kraft, ihn zu extrahieren. Selbst mit der geöffneten Seite nach unten würden aus einem entdeckelten Rahmen nur wenige Tropfen Honig fallen, und der Großteil bliebe in den Waben hängen. Die Fliehkraft der Schleuder jedoch drückt den Honig aus den Waben. Er fliegt an die Wand der Schleuder, fließt dann langsam nach unten und sammelt sich am Boden. Dann wird der Honig gesiebt, um Wachs- oder Bienenreste (!) und andere Ablagerungen aus dem Stock zu entfernen, und ist zum Abfüllen bereit. Die klebrigen leeren Rahmen kommen wieder in die Beute, wo sie von den Bienen gründlich gesäubert werden. Passiert dies früh genug in der Saison, dann füllen sie sie erneut mit Honig, der geerntet werden kann oder als Winterfutter in der Beute bleibt.

Der September ist für Bienen die Zeit, in der die letzten Drohnen weggeschickt werden. Die männlichen Drohnen werden nur während der Paarungssaison der Königin im Frühling und Sommer produziert. Sobald ihre Zeit vorüber ist, verstößt das Volk sie. Die Königin stellt die Eiablage ein, und das Volk konzentriert sich darauf, die Wintervorräte zu konservieren. Zusätzliche Mäuler, die gefüttert werden müssen, kann es nicht gebrauchen.

Winter

November bis Ende Januar

Der Monat November markiert zwar nicht den meteorologischen Winterbeginn, aber zumindest hier in Großbritannien den Beginn des Winters für die Imkerei (oder zumindest war das früher einmal so; der November 2022 war einer der wärmsten seit Beginn der Wetteraufzeichnung). Um diese Zeit im Jahr beginnen die Bienen normalerweise die wärmende Wintertraube zu bilden, da es bereits zu kalt zum Ausfliegen ist. Sie bleiben nun bis März in ihrem Stock und wagen sich nur selten hinaus.

Die enge Beziehung zwischen Imker:in und Bienen lockert sich nach der Honigernte, wenn sich Bienen und Imker:in in den Wintermonaten in ihre warmen Behausungen zurückziehen. Auch wenn ich nun nicht mehr so intensiv mit ihnen beschäftigt bin, so denke ich doch während dieser Phase ständig an meine Bienen.

Der Winter ist die Zeit, um das vergangene Imkerjahr mit seinen Erfolgen und Misserfolgen Revue passieren zu lassen und sich auf den kommenden Frühling vorzubereiten. Wenn die Bienen ihre Wintertraube im Stock durch Flügelschlagen warm halten, werde ich in meinem Schuppen aktiv und verliere mich glücklich und zufrieden in der Arbeit, während ich Rahmen für Rahmen mit frischem Wachs bestücke, damit die Bienen im nächsten Jahr wieder mit der Arbeit beginnen können, sobald es wärmer wird.

Ich räume nach der Honigernte sorgfältig auf, reinige die benutzten Werkzeuge und die Zargen. Es ist ein Akt der liebevollen Zuwendung – so wie werdende Eltern das Zimmer für ihren Nachwuchs vorbereiten oder wie wir unserer besseren Hälfte eine neue Kücheneinrichtung schenken, weil er oder sie so gern kocht. Wenn nicht bereits geschehen, dann fülle ich nun den Honig, der in Lagerbehältern wartet, in Gläser ab. Wenn mir die herrlichen Blütenaromen in die Nase steigen, ziehen vor meinem inneren Auge auch Erinnerungen an die Blüten der einzelnen Jahreszeiten vorüber und an die Tätigkeiten und Erlebnisse im Bienengarten.

Während das flüssige Gold aus dem Hahn fließt und großzügig die Gläser füllt, ist auch mein Herz erfüllt von Dankbarkeit für die Arbeit der Bienen und das Privileg, sie halten zu dürfen.

Mit Honig kochen

Unsere Liebe zum Honig ist um einige tausend Jahre älter als unsere Liebe zum Zucker. Der älteste Beleg dafür, dass Menschen Honig essen, ist eine steinzeitliche Höhlenmalerei in Spanien, die vor mehr als 10 000 Jahren entstand. Sie zeigt einen Menschen auf einer Leiter, der die Honigwaben eines wilden Bienennests erntet. Honig war eine seltene intensive Süße und natürliche Kohlenhydratquelle. Schon seit Urzeiten gilt er als Heilmittel und spielt eine Rolle in zahlreichen Mythen und religiösen Riten. Die »Speise der Götter« muss in der Küche auf besondere Weise verwendet werden, denn Honig verhält sich zum Teil völlig anders als Zucker. Zucker ist eben … Zucker. Es gibt ihn als Pulver, Granulat oder in Blockform. Wir können Zucker löffeln, zerlassen oder in Wasser und anderen Flüssigkeiten lösen. Mit Ausnahme von unraffiniertem Zucker schmeckt er konstant gleich, um nicht zu sagen nach nichts, und macht lediglich alles süß. Honig hingegen ist komplex. Er ist eine Flüssigkeit, aber oft fest. Er kann so flüssig sein, dass er vom Löffel tropft, oder so fest, dass man den Löffel beim Versuch, den Honig aus dem Glas zu holen, verbiegt. Honig gibt es als Naturprodukt in einer großen Aromenvielfalt (siehe S. 39), die sich beim Kochen wunderbar einsetzen lässt. Ein Fehlgriff wäre es jedoch, einen tanninbitteren Kastanienhonig für eine Panna cotta wie auf Seite 210 zu verwenden, und ein milder Akazienhonig würde in einem kräftigen Rindercurry wie dem auf Seite 129 völlig untergehen. In diesem Kapitel beschäftige ich mich mit den kulinarischen Besonderheiten von Honig und wie man ihn meiner Meinung nach am besten nutzt.

Kristallisation ist nichts Schlechtes

Dass Honig kristallisiert, ist ein natürlicher Prozess, den man häufig bei Honiggläsern oder Plastikflaschen mit Honig beobachten kann. Dabei verändert der Honig seine Konsistenz von flüssig über cremig und streichfähig bis hin zu zähflüssig und fest. In der sorgfältig von den Bienen kontrollierten Umgebung des Bienennests mit kuscheligen 35 °C und einer relativen Luftfeuchte von 50 bis 80 Prozent bleibt der Honig in den sorgfältig verdeckelten sechseckigen Wachswaben meist flüssig. Beobachten kann man, dass Honig in einem verschlossenen Glas monatelang klar und flüssig bleibt, aber sobald das Glas einmal geöffnet ist innerhalb von Wochen auskristallisiert. Dies liegt am gebrochenen Luftsiegel, denn nun kommt der Honig nicht nur mit der Luftfeuchtigkeit der Umgebung in Kontakt, sondern beispielsweise auch mit Toastkrümeln im Glas oder den natürlichen Hefen in der Luft, die diesen Prozess auslösen.

Honig ist eine »übersättigte« Lösung aus Wasser und Zucker, enthält also mehr Zucker – über 70 Prozent – als normalerweise bei Zimmertemperatur in Wasser löslich wäre. Daher benötigt Honig besondere Bedingungen, sonst wird er ein wenig launisch, bzw. fest. Honig besteht vor allem aus zwei Zuckerarten: Glukose und Fruktose. Lösen sich die Glukosemoleküle aus der wässrigen Lösung, bilden sie Kristalle, und der Honig kristallisiert. Je höher der Anteil an Glukose im Honig, desto schneller passiert dies. Das Verhältnis von Glukose und Fruktose hängt wiederum vom biologischen Ursprung des Honigs ab, von den Trachtpflanzen, die die

Bienen auf ihren Flügen besuchen, und deren Nektar, der je nach Art der Blüte eine unterschiedliche Zusammensetzung hat. So bleibt Akazienhonig von Natur aus lange fließfähig, wohingegen Rapsblüten *(Brassica napus)* einen so hohen Glukoseanteil haben, dass ihr Honig teils schon im Bienenstock zu kristallisieren beginnt – eine Herausforderung für Bienen und Imker:in! Flüssiger Honig ist beliebt. Wir träufeln ihn gern auf Jogurt, und in der Küche ist er einfach zu handhaben. Auch in der Produktion ist flüssiger Honig unkomplizierter als zähflüssiger oder gar fester Honig. Das ist einer der Gründe, warum es in den Supermarktregalen flüssigen Honig in Quetschflaschen aus Plastik gibt. Lässt sich das Kristallisieren verhindern?

Es gibt zwei Methoden, den Prozess zu verzögern und flüssigen Honig zu erzeugen: Erhitzen und Filtrieren. Doch diese Verfahren verändern nicht nur das Geschmacksprofil des Honigs, sondern denaturieren nützliche Enzyme und entfernen Pollenkörnchen und natürliche Hefen, die dem unbehandelten Rohhonig seine gesunden Eigenschaften verleihen.

Rohhonig mit dem Siegel »Echter deutscher Honig« ist naturbelassen und muss den Anforderungen des Deutschen Imkerbundes (DIB) entsprechen, der strenge Maßgaben an die Honigproduzenten stellt. Naturbelassener Honig, der weder erhitzt noch gefiltert ist und meist eine cremige, streichfeste Konsistenz hat, wird zwar neuerdings mehr nachgefragt, konkurriert aber noch immer in den Supermarktregalen mit den Honig-Quetschflaschen um Regalfläche, deren Inhalt oft als »leichtfließend« gekennzeichnet ist.

Unbehandelter Imkerhonig beginnt teilweise schon vor dem Öffnen des Glases zu kristallisieren. Auch Kleehonig kristallisiert naturgemäß schnell aus und bildet kleine Glukosekristalle, die ihm eine Textur verleihen, die etwas fester, aber geschmeidig und glatt ist. Diese Sorte von festem Honig gibt es mindestens schon seit dem 16. Jahrhundert, als Bauern damit begannen, Klee als bienenfreundliche Futter- und Silagepflanze anzubauen. Auch wenn es kräftigeres Schütteln braucht, damit naturbelassene Honige vom Löffel tropfen, haben sie doch die perfekte Streichfähigkeit für Honigbrote oder -brötchen. Diese cremigen Honige sind auch die traditionellen Honige, mit denen ich aufgewachsen bin. So wie sich die Kristallisation durch Erhitzen oder Filtern herauszögern lässt, kann man sie durch das »Impfen« des Honigs beschleunigen. Dazu wird etwas kristallisierter Honig in flüssigen Honig eingerührt.

Genau wie seine Farbe, sein Aroma und sein Geschmack wird auch die Geschwindigkeit, mit der ein Honig kristallisiert, durch seine botanische Herkunft bestimmt. Kristallisation ist nichts Schlechtes. Sie ist ein Prozess, den wir als Eigenschaft eines natürlichen Nahrungsmittels begrüßen und uns zunutze machen sollten, wie bei Milch, die durch Milchsäurebakterien zu Joghurt wird, oder bei Tee, der sich durch Fermentation in Kombucha verwandelt – oder auch bei Mispeln, die nach der Ernte erst durch das Nachreifen ihr Aroma erhalten.

Die Wahrheit über das Erhitzen

Wie erwähnt, verändert die Wärmebehandlung bei industriellen Honigen Geschmack und gesundheitsfördernde Eigenschaften. Hohe Temperaturen zerstören Vitamine, Mineralien und Enzyme, und es kommt zur Karamellisierung, die den Honiggeschmack dramatisch verändert. Naturbelassener Honig hat einen ausgeprägt aromatischen Duft und verleiht Cocktails und Gebäck eine komplexe blumige Note. Wer im Supermarkt Honig kaufen möchte, sollte unbedingt auf Bezeichnungen wie »Rohhonig«, »Schleuderhonig« oder auf das Siegel »Echter deutscher Honig« achten und im Zweifel den Produzenten kontaktieren.

Glücklicherweise kommt der einzigartige Geschmack von Honig beim Kochen trotz Hitze durch, wenn man richtig vorgeht. Bei längeren Garzeiten mit hohen Temperaturen wählt man am besten einen Honig mit einem kräftigen Aroma. Körperreicher Heide- oder Buchweizenhonig hält zum Beispiel auch den extremen Temperaturen im Backofen recht lange stand, während milde Honige beim Backen oder Garen geschmacklich rasch untergehen können. Aus diesem Grund gebe ich Honig als Zutat erst in der letzten Sekunde zu, um möglichst viel von dem wunderbaren Aroma zu erhalten. Würde ich dem Honig seinen unverwechselbaren Geschmack nehmen, indem ich ihn verkoche, hätte ich ja auch Zucker nehmen können … und dieses Buch gar nicht schreiben müssen!

Mit Honig gesüßte Speisen bräunen schneller als mit Zucker gesüßte, da Fruktose bereits bei 110 °C karamellisiert, während Saccharose (auch Sukrose genannt, ist quasi der Zucker im Zucker) mindestens 160 °C benötigt, um zu bräunen. Das heißt, dass man beim Backen mit Honig die Ofentemperatur gut im Auge behalten und entsprechend anpassen muss. Hattie Ellis empfiehlt in ihrem Buch *Spoonfuls of Honey* (2014) nur etwa die Hälfte des Gewichts des Zuckers durch Honig zu ersetzen und die Temperatur aufgrund des schnelleren Bräunens um 25 °C zu reduzieren. Zur Süße von Honig schreibt sie, dass Fruktose intensiver süßt als Saccharose und wir deshalb weniger davon benötigen. Meiner Erfahrung nach verliert sich die Süße des Honigs beim Backen im Gegensatz zu Zucker jedoch, und ich finde, dass Honig oft weniger süßt, da er auch geringe Mengen an Säuren enthält. Von daher bemesse ich in diesem Buch die Honigmengen ein wenig großzügiger.

Als »übersättigte Zuckerlösung« hat Honig natürlich auch einen höheren Feuchtigkeitsgehalt als Zucker. Somit zählt Honig beim Backen zu den feuchten Zutaten, was bedeutet, dass man die Flüssigkeitsmengen in einem Rezept unter Umständen etwas reduzieren muss, wenn man Zucker durch Honig ersetzt.

Qualität statt Quantität – Baiser mit Honig

Der höhere Feuchtigkeitsgehalt von Honig gegenüber Zucker ist verantwortlich für meinen frustrierendsten, wenn auch faszinierendsten Rezepttest für dieses Buch – ein Honigbaiser. Ich gebe hier offen mein Scheitern zu, da es die Grenzen des Backens mit Honig verdeutlicht. Ich liebe Baiser, also sollte ein Baiserrezept in meinem Buch nicht fehlen. Es reichte mir allerdings nicht, einfach nur Honig über Baiser zu träufeln oder Früchte in Honig zu karamellisieren und sie auf Baiser anzurichten. Ich wollte unbedingt Honig *im* Baiser. Baiser ist schließlich nichts anderes als Eiweiß und Zucker – und Honig enthält ja reichlich Zucker. So dachte ich zumindest. Aber alle Versuche, ein Honigbaiser zu kreieren, waren von Geschmack und Textur her ein absoluter Flopp. Sie glichen eher einer Version von Steckschaum für Blumengestecke, waren unappetitlich und rochen nicht einmal annähernd nach Honig oder irgendetwas Essbarem. Trotzallem gab ich nicht auf und wollte unbedingt Honig in ein Baiser bekommen. Ich kaufte sogar den billigsten Dörrautomaten, den ich finden konnte, da in einem dubiosen Artikel stand, man könne Honig durch Trocknen in Pulver verwandeln. Damit hoffte ich, mein Baiserproblem zu lösen. Nachdem ich jedoch das Dörrgerät 72 Stunden lang laufen ließ, entstand lediglich eine undefinierbare klebrige Masse. Nach diesem Misserfolg warf ich für ein paar Monate das Handtuch und schrieb über fünfzig andere Rezepte mit Honig. Schließlich kam ich zu meinem Baiserproblem zurück und fand heraus, dass ein Esslöffel Honig auf 360 Gramm Zucker funktioniert, wie man am Pavlova-Rezept auf Seite 194 bis 196 sehen kann. Mein Honigbaiser ist so köstlich, dass es die vielen Fehlversuche absolut wett macht. Eigentlich war mir ja klar, dass nicht Quantität, sondern Qualität der Schlüssel zum Kochen und Backen mit Honig ist. Mit wenig duftendem Lavendelhonig entsteht ein Traumdessert – etwas zu viel davon, und das Baiser ist ruiniert, und man erhält einen kompakten Schaumblock, den man höchstens für ein Lavendelgesteck nutzen könnte.

Honig als Getränk

In der Phase, in der ich mein Honigbaiser entwickelt habe, bereitete ich mir öfter einen Drink mit Honig zu. Es gibt traumhafte Getränke mit Honig. Viele Cocktailrezepte nutzen Zuckersirup, für den Zucker im Verhältnis 1:1 in Wasser gelöst wird, denn der Sirup verbindet sich besser mit den Zutaten und hinterlässt keine Zuckerkristalle am Glasboden. Warum aber langweiligen Zucker nehmen, wenn es blumigen Honig gibt? Je nachdem, wie die Konsistenz des gewählten Honigs ist, empfehle ich, ihn mit einem Spritzer warmem Wasser (aus dem Wasserkocher) sanft zu erwärmen und/oder ihn im Verhältnis 2:1 mit warmem Wasser zu verdünnen, wie Richard Godwin es in seinem Cocktailbuch *The Spirits* (2021) empfiehlt, von dem mein Exemplar bereits deutliche Gebrauchsspuren aufweist. Ein guter Rohhonig kann ein sehr duftiges und blumiges oder auch ein tiefes und intensives Aroma haben, liefert also bereits in geringen Mengen einzigartigen Geschmack. Besonders gut passt er zu Holunderblütensirup, Gin oder Bourbon. In diesem Buch habe ich geräucherten Honig mit Mezcal und Limette kombiniert, Buchweizenhonig mit Spiced Rum (Rum, der mit Kräutern oder Süßem aromatisiert ist), und im Kapitel zu den Eisrezepten ab Seite 212 gibt es erfrischende Granita-Rezepte, in die ich Alkohol geschmuggelt habe, wie Eukalyptushonig mit Wodka und Campari mit Wassermelone, oder Eiscreme-Rezepte mit Apfelblütenhonig und Amaretto. Sowohl Alkohol wie Honig verhindern die Bildung großer Eiskristalle, sodass das Eis auch ohne Rühren cremig und geschmeidig wird. Die Kombinationsmöglichkeiten sind schier endlos!

Honig fermentieren

Einer meiner Lieblingscocktails in diesem Buch ist Tepache Bourbon Sour (siehe S. 232). Tepache ist ein fermentiertes mexikanisches Getränk aus Ananasschalen und ihren natürlichen Hefen, das ein wenig wie fruchtiger Kombucha schmeckt (eine Beschreibung, die Tepache nicht ganz gerecht wird). Bei diesem Mixgetränk ist der Honig im Tepache. Am besten setzt man gleich als Einstieg in die Welt der süßen, fermentierten Getränke Tepache an.

Am anderen Ende des Spektrums der verführerischen Getränke mit Honig liegt Met (Honigwein). Bei der Erwähnung von Met haben die meisten sofort Bilder von Mittelalterfestivals vor Augen. Die Art von »historischem« Gebräu, das auf diesen Events serviert wird, schmeckt meist mehr rustikal als überraschend und findet eher selten den Weg in meinem Vorratsschrank. Spätestens seit dem Mittelalter hielten die Mönche Europas Bienen. Die meisten Klöster mussten sich selbst versorgen – bis hin zu den Altarkerzen, hatten also Bienenweiden, die Wachs lieferten, was weitaus sauberer brannte als der beißende, billige und weit verbreitete Tiertalg. Vor allem in Regionen, in denen keine Weintrauben wuchsen, bereiteten die Mönche aus dem Honig Met zu, indem sie ihn mit Wasser mischten und zu Alkohol vergären ließen. Mit der Regulierung und Besteuerung alkoholischer Getränke ging die Produktion von Met in den Klöstern jedoch zurück – und lange Jahre war der einzige Honigwein, der in Europa erhältlich war, ebenjene »pseudohistorische« Sorte, die man auf den Mittelaltermärkten bekommt.

Wie bei Cider und Cidre gibt es heute jedoch hochwertigen europäischen Met im Handel – ganz ohne Sackleinenmief. Ich kann nur empfehlen, einige Metprodukte zu bestellen und sonntags in der Sonne eine kleine Verkostung zu genießen oder Met selbst herzustellen. Eines steht fest: Aus Wasser und Honig fermentierter Honigwein gilt als das älteste alkoholische Getränk. Met wurde schon vor Tausenden von Jahren gebraut, lange bevor europäische Mönche ihren Honigwein produzierten. Er war in vielen Kulturen, von Afrika über Indien bis China, beliebt. Auch das äthiopische Nationalgetränk Tej, das mit den Zweigen des Gesho-Strauchs *(Rhamnus prinoides)* vergoren wird und mindestens seit dem 1. Jahrhundert v. Chr. bekannt ist, ist eine Art Met. Äthiopien ist Afrikas größter Honigproduzent, und 80 Prozent seines Honigs fließen in die Tej-Produktion. Indischer Met oder Honig wird erstmals im *Rigveda* erwähnt, einer heiligen Schrift des Hinduismus, die auf die Zeit um 1900 v. Chr. zurückgeht. Der bislang früheste Beleg für die Verwendung von Honig in einem fermentierten alkoholischen Getränk stammt aus der steinzeitlichen Siedlung Jiahu in China. Hier fand man in Keramikgefäßen, die über 9000 Jahre alt sind, Spuren von Reis, Honig und Früchten.

Fermentieren *in* Honig

Das Fermentieren in Honig, besonders das Fermentieren von Knoblauch, ist kinderleicht und eine absolute Bereicherung für die Küche. Jeder sollte wissen, wie man Knoblauch fermentiert. Wer durch die Rezepte in diesem Buch blättert, wird feststellen, dass ich von fermentiertem Knoblauch geradezu begeistert bin. Die »Methode« erkläre ich auf Seite 62, aber im Grunde braucht man dazu nur Honig und Knoblauch. Verschiedenste Obst- und Gemüsesorten lassen sich in Honig fermentieren. Da er hygroskopisch ist, entzieht Honig seiner Umgebung Feuchtigkeit, also auch dem Obst und Gemüse, das man einlegt. Der Honig beginnt mit dem, was sich im Glas befindet, zu fermentieren. Er wird von den Aromen der zu fermentierenden Obst- und Gemüsestücke durchtränkt, aber auch die eingelegten Stücke verändern ihr Aroma auf besondere Weise. Sie schmecken »funkiger«. Dadurch, dass die Fermentation einen Teil des Zuckers im Honig aufbraucht, erhält der Honig eine flüssigere Konsistenz. Ein herzhafter Sirup, der sich in der Küche vielseitig einsetzen lässt, entsteht. Neben Knoblauch fermentiere ich am liebsten scharfe Scotch-Bonnet-Chillischoten in Honig.

Die Fermentation im Bienenstock

Bienen versuchen bei der Honigproduktion Fermentation zu vermeiden, denn sie »verbraucht« den Zucker im Honig, den die Bienen ja als Kohlenhydratquelle benötigen. Aus diesem Grund schlagen sie über den Waben mit den Flügeln, wodurch Flüssigkeit von der Oberfläche verdunstet und der Wassergehalt so weit gesenkt wird – unter 20 Prozent –, dass der Honig nicht gärt. Die mit Honig gefüllten Zellen werden dann mit frischem Wachs verdeckelt, um den Honig vor Feuchtigkeit zu schützen. Aus diesem Grund ist Honig dickflüssig und klebrig.

Aus kulinarischer Sicht ist das Fermentieren von Honig interessant, auch wenn die Bienen bei der Honigproduktion versuchen, diesen Prozess zu unterbinden, der den Zucker aufbraucht, den sie brauchen. Was bleibt, wenn wir dem Haushaltszucker den Zucker entziehen? Nichts. Kein Aroma, kein Geschmack. Aber wenn wir dem Honig den Zucker entziehen, bleiben blumige Düfte und Aromen, eine appetitliche Farbe sowie Vitamine und Mineralien zurück. Das sorgt für spannende Geschmacksentfaltungen beim Backen und beim Brauen fermentierter Getränke.

Bienenbrot

Bienen vermeiden Fermentation bei der Honigproduktion, nutzen sie jedoch für die Herstellung von Bienenbrot (Perga) für Arbeiterinnen und Larven. Ich sollte an dieser Stelle konkrete Fakten und Details über die Produktion von Bienenbrot liefern. Ich stelle mir jedoch immer noch gern eine winzige Bienenbäckerei vor, in der die Bienen mit ihren Mandibeln Weizenkörner mahlen und winzige Gärkörbe mit Teig in die Waben geben. In meiner niedlichen Bienenwelt habe ich allerdings noch keinen Platz gefunden, wo das Bienenbrot gebacken wird. Aber nun zu den Tatsachen: Pollen ist für Bienen eine komplexe Nahrungsquelle, die sie beim Bestäuben von Blüten sammeln, indem sie den Pollenstaub von ihren Körpern bürsten (wie Katzen, die ihre Pfoten lecken und ihre Köpfe »bürsten«, nur dass Bienen dafür Pollenkämme an den Beinen haben) und in den Pollenhöschen (Körbchen) sammeln. Der Pollen wird mit Speichel vermischt, um das Brutnest herum in Wachszellen eingelagert und mit einem Tropfen Honig versiegelt. Die Mischung fermentiert, wodurch der Pollen aufgeschlossen wird und sich die Bioverfügbarkeit seiner Phytonährstoffe erhöht. Es entstehen bioaktive Verbindungen, die den Gehalt an essenziellen Aminosäuren, Vitaminen und antioxidativ wirkenden Polyphenolen im »Bienenbrot« steigern.

Gebackenes Brot

Pollen, Hefe und Milchsäurebakterien (MSB) aus der Darmflora der Bienen und der Flora um den Bienenstock herum gelangen auch in den Honig. Weitere Hefestämme und Mikroorganismen kommen während der Honigernte und dem Abfüllen dazu. Wer mit Sauerteig backt, spitzt vermutlich nun die Ohren, denn Hefe und MSB sind wichtige Komponenten eines jeden Sauerteigstarters. Die meisten Sauerteigbäcker empfehlen Bio-Mehl, da es Wildhefen enthält, die auf dem Getreide im Feld wachsen. Sie verbinden sich mit den Wildhefen in der Küchenumgebung und lösen so die Fermentation aus. Genau wie bei einem Sauerteigstarter liegt der pH-Wert von Honig im sauren Bereich, was das Wachstum schädlicher Bakterien verhindert. Außerdem enthält er reichlich Glukose und Fruktose, von der sich Sauerteighefen wie *Candida humilis* ernähren.

Milchsäurebakterien sind nützliche Mikroorganismen, die auch Sauerteig so gesund machen. Sie helfen, das Getreide aufzuspalten, sodass die enthaltenen Mineralien von unserem Darm einfacher aufgenommen werden. Von der Pflanzenoberfläche und durch die Honigblase der Bienen gelangen diese Bakterien in den Honig. Eine aktuelle Studie aus dem letzten Jahr belegt, dass im Darm von Honigbienen ein neuer Stamm von Milchsäurebakterien gefunden wurde, der auch die Darmgesundheit beim Menschen fördern könnte.[*]

Ahnen Sie, worauf ich hinauswill? Sauerteig und Honig sind wie füreinander gemacht. Mit einem Teelöffel rohem Honig schenken Sie Ihrem Sauerteigstarter mehr Wildhefen, mehr Nahrung für die Gärung und mehr Milchsäurebakterien, die ihn richtig in Wallung bringen. In meinem Sauerteigrezept (siehe S. 140) mache ich genau das. Zusätzlich besprühe ich die Kruste gegen Ende der Backzeit mit einer Mischung aus mit Knoblauch fermentiertem Honig. Köstlich!

---

[*] Honeybee Gut: Reservoir of Probiotic Bacteria, DOI: 10.1007/978-981-16-0223-8_9; siehe zu diesem Thema auch: https://bienen-nachrichten.de/2019/darm-mikrobiota-der-honigbiene/451

Honigterroir

Zum Begriff »Terroir«

Es mag hochtrabend und anmaßend erscheinen, bei der Beschreibung unterschiedlicher Geschmacksnoten von Honig von »Terroir« zu sprechen. Aber aufgrund der Vielfalt und Komplexität, die einzelne Trachtpflanzen in Honig hervorbringen, verdient Honig es als einzigartiges Naturprodukt, mit seiner großen Bandbreite und Tiefe Beachtung zu finden. Schaue ich mir hier in Großbritannien allerdings in Supermärkten die Honigregale an, sind die meisten Honige eine Mischung von Honigen aus EU-Ländern und Nicht-EU-Ländern. Im Gegensatz dazu wird bei Wein bereits seit vielen Jahren der standortspezifische Geschmack gefeiert, den eine bestimmte Landschaft den Trauben verleiht, genau wie Olivenöle extra vergine, Kaffee und Schokolade aus unterschiedlichen Herkunftsregionen unterschiedlich schmecken. Wo die Lebensmittelindustrie früher möglichst viel Ernte eines großen Netzwerks an Produzenten vermischt hat, um möglichst viel Endprodukt mit identischem Geschmack zu erhalten, lehnen Verbraucher:innen heute diese raffgierige Homogenisierung ab und entdecken wieder Produkte von Einzelherstellern mit einzigartigem Geschmack, sodass der globale Markt sich mehr und mehr auf regionale Unterschiede und Traditionen ausrichtet. Es wird Zeit, dass wir dies auch bei Honig tun.

Bienen lebten schon lange nach den Konzepten »möglichst kurze Transportwege« und »Nahrungsmittel aus der Region«, bevor wir diese als Slogans zur Vermarktung regionaler Erzeuger und gegen internationale Massenware entdeckten. Wenn die Sonne morgens aufgeht, machen sich bereits Tausende von Arbeiterinnen in der Umgebung des Bienenstocks auf die Suche nach Pollen und Nektar. Sie nehmen nur mit, was sie mit Flügelkraft erreichen können, gewöhnlich in einem Radius von drei bis fünf Kilometern, aber je näher, desto besser. Honig ist ein einzigartiges Destillat seiner Umgebung, und selbst beim Honig eines einzigen Imkers sind niemals zwei Ernten identisch – denn was in einem Jahr blüht, kann im nächsten durch Frost verspätet erblühen. Rohhonig aus der Region ist ein perfektes Beispiel dafür, dass der Geschmack eines Naturprodukts nicht homogen und immer gleich ist, sondern vielfältig und aus dem Besten entsteht, was eine Saison zu bieten hat. Darum geht es bei regionaler, saisonaler Ernährung.

Trotz alledem findet man in Supermärkten nur eine eingeschränkte Honigauswahl. Die großen Ketten bevorzugen in der Regel Hersteller, die genügend Ware bereitstellen, um das gesamte Land zu beliefern, statt pro Region mit verschiedenen lokalen Imker:innen verhandeln zu müssen. Der Honig der großen Marken stammt meist von Honigproduzenten verschiedener Länder und wird gefiltert, wärmebehandelt und gemischt, bis jede Charge gleich schmeckt und genug Plastik-Quetschflaschen oder Gläser gefüllt werden können, um landesweit die Supermärkte zu versorgen. Diesem Honig wurde entzogen, was ihn einzigartig macht, und rund 90 Prozent seines Geschmacks gingen verloren.

Honig wird auf diese Weise zu einem preiswerten und leicht verfügbaren Lebensmittel – traurig für ein so wertvolles Naturprodukt. Beim Honigkauf sollte man daher nach Imkern aus der Region Ausschau halten und den Geschmack von regionalem Honig erkunden. Braucht man eine kostengünstigere Süße, kann man auch Zucker verwenden. Wer jedoch ein besonderes und einzigartiges Produkt zum Süßen und Genießen sucht, sollte guten Honig am besten von einem lokalen Imker:innen beziehen.

Bevor wir uns mit der Geschmacksvielfalt von Honigsorten befassen, kurz ein Wort zur Terminologie:

Single Origin / »Echter Deutscher Honig«

Der englische Begriff »Single Origin«, der auch für Kaffee verwendet wird, steht für eine einzige geografische Herkunft, wie zum Beispiel für den Honig einer besonderen Honigweide oder einer Gruppe benachbarter Honigweiden, die dieselben Trachtpflanzen aufweisen. (Oft wird »Single Origin« mit Honig einer einzigen botanischen Herkunft verwechselt; dies aber wird als Sortenhonig bezeichnet.) In Deutschland vergibt der Deutsche Imkerbund e. V. (DIB) seit 1925 das Gütesiegel »Echter Deutscher Honig« für Qualitätshonige aus Deutschland. Nur besonders schonend behandelte und in Deutschland geerntete Honige dürfen dieses Siegel tragen. Honige mit einem Siegel werden im Originalglas des Deutschen Imkerbundes angeboten.

Sortenhonig

Dies ist die korrekte Bezeichnung für Honig, der ausschließlich oder vorwiegend aus dem Nektar einer bestimmten Pflanzensorte besteht. Imker:innen erreichen dies für gewöhnlich, indem sie die Bienenstöcke in einer Monokultur wie inmitten von Feldern mit Raps, Ackerbohnen oder Lavendel aufstellen oder auch in der Heide, wo zu einer bestimmten Zeit vorwiegend eine bestimmte Pflanzensorte blüht.

Mischhonig

Mischhonig kann den Nektar verschiedener Pflanzen enthalten. Häufige Bezeichnungen sind hier Blütenhonig, Waldhonig, Obstblütenhonig oder Sommertrachthonig.

Rohhonig

Roher Honig ist naturbelassener Honig, der nur maximal gesiebt, aber nicht gefiltert wurde. Rohhonig kommt dem Honig direkt aus der Wabe am nächsten (siehe dazu S. 26 zur Beeinträchtigung des Geschmacks durch Wärmebehandlung und Filtration).

Honigsorten

Weltweit gibt es Hunderte Honigsorten, die durch die Art der Trachtpflanzen, die Gegebenheiten der Landschaft, der Region, des Landes oder sogar durch die Art der Honigbiene, die die Pflanzen bestäubt, bestimmt sind. In meinem Buch konzentriere ich mich auf den von der Westlichen Honigbiene *Apis mellifera* produzierten Honig. Es gibt weitere Honigbienenarten, wie die asiatische *Apis cerana* oder auch die stachellose *Melipona*, die schon seit den Zeiten der Maya auf der mexikanischen Halbinsel Yukatán für die Honigproduktion sorgt.

Um die Neugier auf die wunderbare Vielfalt von Honig zu wecken, hier eine kurze Liste beliebter Honigsorten und ihrer Geschmacksprofile:

Ackerbohnenhonig

Dieser besondere und seltene Honig wird von Bienen geerntet, die Felder mit Ackerbohne *(Vicia faba)*, die auch als Dicke Bohne bekannt ist, bestäuben. Diese Pflanze hat extraflorale Nektarien (Nektardrüsen), die außerhalb der Blüte an den Stielen liegen, sodass die Bienen sowohl vor als auch nach der Blüte Nektar ernten können. Ackerbohnenhonig ist ähnlich wie Akazienhonig hell und im Geschmack mild.

Akazienhonig/Robinienhonig

Das Nonplusultra eines Honigs mit flüssiger Konsistenz ist Akazienhonig. Er ist sehr mild im Geschmack, fast farblos und klar. Gewonnen wird er aus dem Blütennektar der Scheinakazie *(Robinia pseudoacacia)*, die in Nordamerika und in Europa verbreitet ist.

Apfelblütenhonig

Der Honig wird in Apfelplantagen gewonnen, ist zart, fruchtig und frisch, von heller Farbe und in der Regel recht flüssig. Er passt geschmacklich gut zu Frischkäse, mildem Käse und Desserts.

Borretschhonig

Eine köstliche Alternative zu Akazien- oder Lindenhonig (siehe S. 41), da der Honig aus der Blüte des Borretsch *(Borago officinalis)* von Natur aus hell und klar ist und nur langsam kristallisiert. Borretschhonig hat einen sehr milden Geschmack mit feinen Zitrusnoten.

Brombeerhonig

Dunkler, bernsteinfarbener Honig aus dem Nektar der Brombeerblüte *(Rubus fruticosus)*. Er schmeckt wenig fruchtig, meist mild und leicht herb am Ende. Passt ausgezeichnet zu Gin. Wie wär's mit einem Brombeer-Gin-Cocktail?

Buchweizenhonig

Echter Buchweizen *(Fagopyrum esculentum)* ist kein Getreide, sondern ein Pseudogetreide und als Knöterichgewächs näher mit Rhabarber und Sauerampfer verwandt als mit Getreide. Ähnlich wie Backwaren aus Buchweizenmehl hat Buchweizenhonig ein zart malziges und leicht nussiges Aroma. Russland und Frankreich waren früher große Buchweizenproduzenten. Durch das Aufkommen von Stickstoffdüngern, die die Pflanze nicht verträgt, ging der Anbau von Buchweizen im 19. Jahrhundert stark zurück. Derzeit feiert Buchweizen als »Urgetreide« und gute Kulturpflanze für die integrierte Landwirtschaft ein Comeback. In der Bretagne, der Heimat des Buchweizenpfannkuchens Galette, wird aus Buchweizenhonig ein bekannter Honigwein namens Chouchen bereitet. Buchweizenhonig ist dunkel, würzig und hat eine leicht bittere Note. Er eignet sich gut zum Kochen und für die Zubereitung von Cocktails.

Distelhonig

Die Färberdistel *(Carthamus tinctorius)*, die in den USA im großen Stil zur Ölgewinnung angebaut wird, ergibt einen dunkelroten, sirupartigen Honig, den ich einfach köstlich finde, seit mir ein Freund einmal ein Glas von einem Wochenmarkt aus dem kalifornischen Berkeley mitgebracht hat. Distelhonig hat in der Regel eine flüssige Konsistenz und lässt sich in der Küche gut verarbeiten.

Eichenhonig

Eichenhonig ist eine Delikatesse aus dem Honigtau der Eichen. Er schmeckt kräftig, aber nicht so bitter und intensiv wie etwa Eukalyptus-, Kastanien- oder Manukahonig. Eichenhonig hat süße Karamellnoten und ist vielseitig einsetzbar. In Kombination mit Geröstetem und Nussigem kommt sein Geschmack besonders zur Geltung. Die Honigspezialität wird in Ländern mit großen Eichenwaldbeständen wie Griechenland, Bulgarien und in Spanien produziert.

Eukalyptushonig

In Australien gibt es viele Eukalypten und damit verschiedene Eukalyptushonige, deren Geschmacksprofil von mildem Roten Eukalyptus bis zu den intensiven »Iron Bark« genannten Sorten reicht. Alle Honige enthalten Spuren von Eucalyptol, das ihne eine charakteristische, adstringierende Mentholnote verleiht. Der Blütenhonig des Blauen Eukalyptus *(Eucalyptus globulus)* soll sehr gesund sein. Ich verwende ihn gern in einer Wodka-Granita …

Heidehonig

Dieser Honig ist wohl einer der charaktervollsten Honige überhaupt und hat eine einzigartige Textur, die thixotrop genannt wird. Das bedeutet, dass der Honig durch äußere Beeinflussung, zum Beispiel durch Rühren, vorübergehend eine flüssigere Konsistenz bekommt, danach jedoch wieder seinen geleeartigen Zustand annimmt. Heidehonig stammt von der in Nordeuropa heimischen Besenheide *(Calluna vulgaris)*. Der Honig mit langer Imkertradition in Schottland und Deutschland ist häufig rötlich braun und hat ein intensives, komplexes Aroma, das blumig, aber zugleich holzig, süß und etwas herb, manchmal sogar etwas rauchig ist. Ihm wird nachgesagt, er sei mindestens genauso gesund wie der berühmte Manukahonig.

Kastanienhonig

Diesen dunklen und aromatischen Honig mit seinem tanninartig bitteren Nachklang verwendet man bei der Zubereitung von Getränken, Gebäck oder Speisen nur sparsam – und bei Whisky-Cocktails mit Kastanienhonig kann man die Bitterspirituosen gleich ganz weglassen. Der Honig stammt vorwiegend aus Nektar und Honigtau von Edelkastanien *(Castanea sativa)* und hat eine besonders lange Tradition in Italien.

Kiefernhonig

Kieferhonig wird vorwiegend in Griechenland hergestellt, wo er 65 Prozent der Honigproduktion ausmacht. Er schmeckt harzig, krautig und hat eine tiefe Färbung und eine würzige Note. Die Bienen produzieren ihn nicht aus Blütennektar, sondern aus Honigtau, den Ausscheidungen von Insekten, die sich von Baumsäften ernähren.

Kleehonig

Ein traditionsreicher Honig, der im 18. Jahrhundert einen wahren Boom erlebte, da er eine entscheidende Rolle bei der Intensivierung der Landwirtschaft (siehe S. 42–43) spielte.

Lavendelhonig

Ein köstlich blumiger Honig, der für gewöhnlich aus der Provence kommt. Hell mit leichter Bitternote eignet er sich wunderbar zum Verfeinern von Gebäck (siehe S. 194–196).

Lindenhonig

Der helle, frische und teils leicht mentholartig duftende Honig aus dem Nektar der Lindenblüten und dem Honigtau von Linden (*Tilia*-Arten) ist häufig dort erhältlich, wo Linden als Alleenbäume verbreitet sind.

Manukahonig

Dieser als Superfood beworbene Honig schmeckt im wahrsten Sinne des Wortes gesund und ist eher weniger fürs Frühstück geeignet. Seine botanische Herkunft prägt seinen Geschmack, denn Manuka, die Südseemyrte (*Leptospermum scoparium*), ist eine Art Teestrauch. Ein Glas des exklusiven Exports aus Australien und Neuseeland kann zwischen 30 und 50 Euro oder mehr kosten – ein ziemlicher Aufstieg für eine Pflanze, die Neuseelands Regierung in den 1950er Jahren als invasive Strauchpflanze beschrieben hat.

Orangenblütenhonig

Ein köstlicher Honig mit zartem Zitrusgeschmack. Er stammt häufiger von verschiedenen Zitrusblüten als rein von Orangenblüten und enthält eine sehr geringe Menge Koffein (aus dem Nektar). Für Orangenblütenhonig aus dem andalusischen Granada gibt es in der EU eine geschützte Ursprungsbezeichnung.

Strandfliederhonig

Der seltene Honig kommt aus Küstenregionen und wird aus Gewöhnlichem Strandflieder (*Limonium vulgare*) gewonnen, der auch Halligflieder genannt wird, aber nicht mit dem Zierstrauch aus dem Garten verwandt ist. Strandflieder wächst auf Salzwiesen, die über Jahrtausende an den Küsten durch das Wassermanagement des Menschen entstanden sind. Der Honig ist hell, mild und hat Karamellnoten.

Thymianhonig

Der Honig mit seinem leicht holzigen und krautigen Aroma schmeckt angenehm mild. Ursprünglich stammt er vom Hymettos, einem Bergrücken auf der griechischen Halbinsel Attika. Er wird überall im Mittelmeerraum aus *Thymus capitata*, *Thymus vulgaris* (Gartenthymian) und *Thymus serpyllum* gewonnen.

Tupelohonig

Der Name dieser Honigspezialität aus den US-Bundesstaaten Florida und Georgia leitet sich vom Namen des Baums ab, aus dessen Blütennektar er stammt, dem Ogeche-Tupelobaum (*Nyssa ogeche*), der an Flüssen und in Sümpfen in dieser Region wächst.

Wildblütenhonig

Streng genommen ist Wildblütenhonig kein Sortenhonig, sondern eher eine Sammelbezeichnung. Wildblütenhonig beschreibt Honig, den die Bienen von den Blüten verschiedener wild wachsender Pflanzen sammeln. Er ist meistens recht mild, süß, sehr blumig und als Allzweckhonig bestens geeignet.

Yukatánhonig

Yukatánhonig ist eher ein Honig regionaler botanischer Herkunft als ein Sortenhonig. In Mexiko wird vielerorts die Europäische Honigbiene (*Apis mellifera*) gehalten, doch der originale Yukatánhonig stammt von *Melipona beecheii*, einer stachellosen Bienenart, die die Maya *xunan kab* (etwa »Königliche Bienendame«) nannten. *Melipona*-Bienen bauen keine Waben, sondern lagern den Honig in Wachstöpfen, aus denen er mit Spritzen oder durch Zerdrücken entnommen wird. Yukatánhonig ist flüssig, weniger süß, hat mehr Säure und schmeckt recht fruchtig.

Wechselndes Terroir – der Mythos der idyllischen Naturlandschaft

*Wilde Blüten des Moorlands
Wie gern ich euch seh'.*

*Zu euch fliegt meine Erinnerung,
wie die Biene zum Klee;*

*Ihr bringt mir geliebte Kindheit zurück,
wo frei und gesund ich alles konnt' wagen,*

*und nie gedacht hätt', dass ich einst Ketten
von Ruhm und Reichtum würd' tragen.*

Eliza Cook, 1830

Wie der Mensch und alle anderen Lebewesen benötigen auch Bienen eine abwechslungsreiche Ernährung, um gesund zu bleiben. Blütennektar versorgt sie mit Kohlenhydraten, Pollen mit Proteinen und reichlich Aminosäuren. Aber keine Pflanze liefert alle Aminosäuren, die Bienen brauchen, weshalb die Bienen für eine ausgewogene Ernährung verschiedene Pflanzen anfliegen. Es ist also durchaus nicht so, dass Honigbienen nur in entlegenen grünen, ländlichen Gegenden mit wogenden Gerstenfeldern vorzufinden sind, wo kein Haus in Sicht ist.

Durch die fortschreitende Mechanisierung der Landwirtschaft sind Felder und Höfe immer größer geworden. Die traditionellen Wallhecken aus Schlehe, Weißdorn und anderen blühenden Sträuchern, die sie früher einfriedeten, sind heute eher unüblich geworden, und artenreiche Wiesen und Weiden (Grünland) verschwinden ebenfalls, da immer mehr Betriebe Silo- statt Frischfutter füttern und das Land für ertragreichere Feldfrüchte nutzen (allein seit 1991 fielen in Deutschland 600 000 Hektar Grünland dem Pflug zum Opfer). Mit dem Schwinden von Wiesen und Weiden ist auch Wildblütenhonig seltener geworden. Die Ölsaat Raps ist für viele Bienenarten eine gute Futterquelle (so er nicht mit Nikotinoiden behandelt wurde), ist er aber auf mehreren Feldern abgeblüht, können die Bienen sich schwertun, in Flugdistanz noch genügend Futter zu finden. Tatsächlich ist heutzutage oft die Landschaft in Städten und Vorstädten reicher an bienenfreundlichen Blühpflanzen als das Agrarland. Die Bienen finden in den Gärten ein vielseitigeres Blütenangebot als in ländlichen Gegenden. Daher sind Gärten für Honigbienen und andere Bestäuber sehr wichtig – und es gibt Millionen von Gärten. Es macht also durchaus Sinn, einen Garten bienen- und bestäuberfreundlich zu gestalten (siehe S. 49) und mit den entsprechenden Pflanzen zu bestücken, die Bienen ernähren.

Apfelblütenhonig und der Blütenhonig aus Obstplantagen sind zwei Traditionshonige, die hier in Großbritannien bereits bedroht sind. Traditionell standen in den Ecken von Obstplantagen Bienenstöcke, deren Bewohner für Bestäubung und guten Fruchtansatz sorgten. Durch zunehmende Zersiedelung, billige Obstimporte und die Zucht steriler Obstbaumkulturen, die den Dienst der Bienen nicht mehr benötigen, sind jedoch Obstplantagen um

56 Prozent zurückgegangen (teils erinnern in Siedlungen noch die Straßennamen wie Apfel-, Birnen- oder Kirschenweg an die Obstbäume, die dort früher standen).

Der Anbau von Klee, einer stickstofffixierenden Deck- und Futterfrucht, war im 17. Jahrhundert schon weit verbreitet. Er steigerte durch das reiche Stickstoffangebot im Boden den Ernteertrag und trieb die Agrarrevolution in Europa voran. Aus diesem Boom entstand der Kleehonig (siehe S. 40), eine köstliche historische Honigsorte, die üblicherweise cremig fest ist. Bei mir ist dieser Honig mit nostalgischen Gefühlen verknüpft, da ich mir vorstelle, dass diese Sorte der Lieblingshonig der Großeltern meiner Großeltern gewesen sein könnte. Doch die Suche nach noch mehr Stickstoff für Ackerböden ging weiter, und mit der Erfindung der Kunstdünger geriet der bienenfreundliche Klee praktisch in Vergessenheit. Glücklicherweise sind wir inzwischen wieder in die andere Richtung unterwegs, und Regierungen empfehlen Landwirt:innen, zu stickstofffixierenden Hülsenfrüchten zurückzukehren, um die Abhängigkeit von Chemiedünger zu verringern und für mehr Biodiversität zu sorgen.

Ab der Mitte des 20. Jahrhunderts stieg der Einsatz von Chemie in der Landwirtschaft sprunghaft an, denn man wollte immer noch höhere Erträge erzielen. Die eingesetzten Herbizide vernichteten dabei jedoch auch blühende Unkräuter, auf die Bienen und andere Bestäuber angewiesen sind. Zwar machte der künstliche Dünger das Gras dicker und saftiger, verdrängte aber die zahlreichen Wiesenbewohner und schuf dichten Unterwuchs, der für bodennistende Vögel und andere Tiere nachteilig ist. Die umliegenden Bäche und Flüsse wurden zudem durch Chemieeinträge verschmutzt. Schließlich töteten neuartige Pestizide über die Hälfte des Insekten-Ökosystems, darunter Blattläuse, deren Honigtau Bienen und Ameisen ernten. Aber auch die Bienen selbst fielen den Pestiziden zu einem Teil zum Opfer. Hinzu kamen die Neonikotinoide. Sie sind dafür bekannt, dass sie das Immunsystem der Bienen schwächen. In Großbritannien wurden sie 1991 in der Landwirtschaft eingeführt. Als dann auch die Varroamilbe, der gefährlichste Schädling für die Europäische Honigbiene, ein Jahr später in den Bienenstöcken grassierte, folgte ein enormer Schwund der Honigbienenpopulation. Ein ähnliches Szenario entstand in den USA: Die ersten Neonikotinoide wurden dort 1985 für die kommerzielle Nutzung zugelassen – und die ersten Berichte über Varroamilben bei Bienen folgten in den USA im Jahr 1987.

Diese dramatischen Veränderungen unserer Landschaft verändern auch den Honig. Ein Glas Honig spiegelt somit den Zustand der Umgebung, aus der er stammt, und gibt gleichzeitig auch die Geschichte der Landschaft wieder.

Bienen im Garten

Das Wunder der Bestäubung und bienenfreundliches Gärtnern

Beeindruckend: Eine einzige weibliche Biene kann in ihrer »Honigblase« bei einem Ausflug bis zu 40 Milligramm Nektar sammeln – mehr als das Dreifache ihres Körpergewichts. Ein Bienenstock produziert allein für sein Überleben 136 Kilogramm Honig pro Jahr. Hinzu kommt der Honig, den Imker:innen wie ich ernten. Nektar besteht zu 40 Prozent aus Zucker und Wasser, Honig ist mit 80 Prozent Zucker jedoch doppelt so konzentriert. Demnach entsprechen 136 Kilogramm Honig ganzen 272 Kilogramm Nektar, also fast einer Dritteltonne.

Nach meinen Berechnungen sind das pro Jahr an die 6 800 000 Honigblasen à 40 Milligramm Nektar, damit ein Bienenvolk genügend Kohlenhydrate bekommt. Um dies noch einmal zu verdeutlichen: In Großbritannien dauert die Bienensaison etwa von April bis September, also 183 Tage. Das macht also im Durchschnitt 37 158 volle Honigblasen, die an einem einzigen Tag in den Bienenstock eingebracht werden. Die ganze Arbeit der fleißigen Bienen für etwas, was wir uns gedankenlos aufs Brot streichen? Es ist höchste Zeit, dass wir dieses goldene Wunder angemessen würdigen!

Das Phänomen Honig ist ohne die wichtige Beziehung zwischen Bienen und Pflanzen nicht zu erfassen, und ich glaube, dass wir nur durch die Beschäftigung mit dem faszinierenden, geheimen Leben der Pflanzen und ihrer Bestäuber erkennen, welch großer Schatz sich in einem Glas Honig verbirgt. Wissen hilft in jedem Fall, wenn wir etwas für die Bienen und Hunderte andere wichtige Bestäuber in unserem Garten tun möchten. Sobald wir verstanden haben, wie die Bestäubung und die Futtersuche funktionieren, welche Arbeit in die Honigproduktion fließt, wie Blüten und Biene sich gemeinsam entwickeln und wie die Pflanzenzüchtung diese Erkenntnisse weiterentwickelt hat, dann können wir unsere Spaten, Harken Pflanzkellen und unsere Geldbörsen sinnvoll einsetzen und dem Ökosystem in unserem Garten unter die Arme greifen.

Wie Honig entsteht: die Bestäubung

Die harmonische Beziehung zwischen Pflanzen und ihren Bestäubern ist der Kern des Lebens. Viele Pflanzen benötigen eine Fortpflanzung, die stattfindet, indem Pollen von einer Blüte auf eine andere übertragen wird. Die Pollenübertragung kann auf unterschiedliche Weise erfolgen – etwa durch Wind, wie bei den meisten Getreidearten, oder durch Insekten. Pollen ist zudem eine reiche Proteinquelle für Honigbienen bzw. ist dazu geworden, und die Blüten haben sich zu leuchtend bunten Signalen für diese Nahrungsquelle entwickelt. Sie sind im Prinzip nichts anderes als riesige Neonschilder in den Städten, die mit großen blinkenden Pfeilen auf sich aufmerksam machen. Unter UV-Licht betrachtet, finden sich auf Blüten sogar oft verborgene, nur für Bestäuber sichtbare Zielscheibenmuster.

Bienen benötigen jedoch zum Überleben auch Kohlenhydrate. Also erzeugen Pflanzen in ihren Blüten als Anreiz und als Belohnung für die Bestäuber eine wässrige Zuckerlösung: Nektar. Ihre Nektarien (Nektardrüsen) sind meistens so clever positioniert, dass Bienen den Pollen berühren müssen, um diese Drüsen zu erreichen, und dabei in Pollenstaub gehüllt werden. Die Behaarung der Honigbiene hat de facto den perfekten Abstand und die ideale elektrische Ladung, um die Pollenkörner anzuziehen und festzuhalten. Die Bienen streifen den Pollen dann mit ihren Hinterbeinen, an denen sich kammähnliche Strukturen entwickelt haben, aus ihrem »Pelz« und verstauen ihn in Körbchen an ihren Beinen, den Pollenhöschen. Einige Pollenkörnchen bleiben aber am Körper der Bienen zurück, und wenn diese die nächste Blüte derselben Pflanzenart besuchen, berührt ein Teil des Pollens die Narbe der Blüte, den oberen Teil des Stempels, der aus diesem Grund meist klebrig ist. Folge: Die Blüte wird bestäubt.

Hat eine hungrige Honigbiene sich durch die Blütenblätter am Pollen vorbeigekämpft und endlich den süßen Nektar der Blüte gefunden, saugt sie ihn mit ihrem Saugrüssel in die Honigblase. Die Futtersaftdrüsen spalten mit Hilfe eines Enzyms die Zucker des Nektars zur leichteren Verdauung auf und verleihen ihm auf diesem Weg für Mensch und Biene reichlich gesunde Eigenschaften. Das Enzym trägt auch dazu bei, dass die Zucker bei niedriger Feuchtigkeit besser löslich sind, was zugleich die Hefebildung hemmt, die ansonsten Zucker aufbrauchen würde, den die Bienen benötigen.

Kehrt eine Sammlerin in den Stock zurück, gibt sie die Nektarlösung an eine der Stockbienen ab, die den Feuchtigkeitsgehalt der Lösung auf 50 Prozent reduziert, sodass sie ideales Bienenfutter wird, indem sie den unreifen Honig umträgt, also in Honigzellen gibt und immer wieder umlagert. Durch die trockenen Bedingungen, die die Bienen mit Sorgfalt im Stock erzeugen, fällt der Feuchtigkeitsgehalt im unreifen Honig schließlich auf unter 20 Prozent, was verhindert, dass die Zucker fermentieren. Jetzt ist der Honig lagerreif, und die Zellen mit reifem Honig werden mit einem frischen Wachsdeckel versiegelt.

Eine Blütenkarte:
wie Bienen Blumen finden

Weltweit gibt es über 20 000 Bienenarten, in Großbritannien sind es 270, in Deutschland an die 500 Arten. Bienen können Spezialisten sein, die nur bestimmte Pflanzenarten anfliegen, oder möglichst viele Pflanzen aufsuchen. Honigbienen zählen zu den Generalisten, die Nektar und Pollen verschiedener Pflanzenarten verwenden.

Kehren Sammlerinnen nach erfolgreichem Ausflug vollbeladen mit Nektar oder vollen Pollenkörbchen zurück, teilen sie den anderen Bienen mit, wo die besten Blüten stehen, indem sie auf der Wabe einen Tanz vollführen, der detaillierte Informationen transportiert. Wir unterscheiden hauptsächlich zwei Tanzformen, den Rundtanz und den Schwänzeltanz. Der Rundtanz zeigt Trachtquellen in einer Entfernung bis zu 100 Meter an, deren Duft am Flugloch des Stocks wahrnehmbar ist. Die heimkehrenden Sammlerinnen laufen im Stock in Kreisen über die Waben und erregen so die Aufmerksamkeit der Bienen, die sich zum Sammeln aufmachen wollen. Sie nehmen den Duft der tanzenden Bienen wahr, die gerade die nahen Blüten besucht haben. Liegen die Trachtpflanzen weiter als 100 Meter entfernt, sodass ihr Duft am Stock nicht mehr wahrnehmbar ist, wäre es eine riesige Energieverschwendung, flöge eine Sammlerin vom Stock in die falsche Richtung ab. Um dies zu verhindern, vollführen die Bienen ihren Schwänzeltanz, der die anderen Bienen über den Standort der Blüten wie eine detaillierte Karte informiert.

Dabei bewegen sich die Bienen im Kreis, sodass die anderen aufmerksam werden und Duft aufnehmen, doch sie laufen auch schwänzelnd eine Gerade durch den Kreis. Je stärker sie schwänzeln, desto besser ist die Futterquelle, und die Anzahl der Geraden, die sie laufen, steht in umgekehrter Korrelation (ja, den Begriff habe ich auf der Schule lernen müssen und wollte ihn immer schon mal benutzen) zur Entfernung der Nahrungsquelle. Aber was ist mit der Richtung? Bienen orientieren sich an der Sonne. Beim Vollführen des Schwänzeltanzes befindet sich die Biene im Stock auf der vertikalen Oberfläche der Waben. Die Sonne steht also oberhalb, für den Zweck des »Kartentanzes« also auf 12 Uhr bzw. null Grad. Liegt die Futterquelle in einem 30-Grad-Winkel zur Sonne, vollführt die Biene ihren Schwänzellauf nicht senkrecht nach oben, sondern genau in diesem Winkel. Da der Sonnenstand sich im Lauf des Tages verändert, verändert sich auch der Tanz. Sobald die anderen Bienen verstanden haben, füttert sie ihnen ein wenig des gesammelten Nektars, sodass sie einen Vergleich haben, wenn sie die Pflanze erreichen. Zudem sondert sie während des Tanzens Pheromone ab und erzeugt ein elektrisches Feld, wodurch die Botschaft noch verstärkt wird (sozusagen ein Mic-Drop auf Bienenart).

Bienenfreundlich Gärtnern

Es gibt viele einfache Möglichkeiten, wie wir Bienen und anderen Bestäubern im Garten helfen können, angefangen damit, wie der Garten angelegt ist, über die Wahl der Pflanzen bis hin zur Pflege. Ich habe hier ein paar beliebte Gartentipps zusammengetragen und sie durch eigene Erfahrungen ergänzt, die ich über die Jahre gesammelt habe, in denen ich auf Knien durch matschige Beete gekrochen bin und die Insektenwelt um mich herum beobachtet habe.

Eine kurze Anmerkung zu Blütenformen

Zahlreiche Gartenblumen, wie Rosen und Dahlien, wurden auf Schönheit gezüchtet und haben oft gefüllte Blüten mit wesentlich mehr eng stehenden Blütenblättern als ihre wilden Verwandten. Gefüllte Blüten entstehen durch rezessive Genmutation, die auch natürlich vorkommen kann. Sie wurde schon vor rund 2000 Jahren beobachtet, was sie zur ältesten dokumentierten Mutation bei Blüten macht. Pflanzenzüchtern gefielen diese üppigen Blüten, und so begannen sie diese Form zu züchten. So entstanden die uns vertrauten gefüllten Blüten bei Rosen, Ball- und Pompon-Dahlien, Pfingstrosen, Nelken und ähnlichen Gartenblumen. Heute können Züchter diese Mutation gezielt hervorrufen und müssen nicht einmal mehr nach einer Pflanze suchen, bei der die Mutation natürlich vorkommt, um sie mit ihr zu kreuzen.

Bienenfreundliche Pflanzenführer weisen darauf hin, dass die dicht mit Blütenblättern gefüllten Blüten es Bienen und anderen Bestäubern erschweren, Pollen und Nektar zu erreichen. Tatsächlich ist die Situation für die Bestäuber aber noch mühsamer. Um zusätzliche Blütenblätter zu erzeugen, sind auch Teile der Blüte, wie etwa pollenproduzierende Staubblätter, in Blütenblätter mutiert. Der Pollen ist also nicht nur schwerer erreichbar und hinter Massen von Blütenblättern verborgen, sondern er ist auch weniger oder gar nicht vorhanden. Das unterstreicht, welche Fehler bei der Züchtung für Gärten und Äcker entstehen, wenn wir unser Ökosystem nicht verstehen. Die Konzentration auf eine Charakteristik, wie schöne und lang haltbare Blüten, kann die natürliche Beziehung zwischen Pflanze und Bestäuber so verändern, dass sie dramatische Konsequenzen hat.

Schauen wir auf andere Gartenpflanzen: Viele wurden so gezüchtet, dass sie ungewöhnlich spät oder früh blühen – also außerhalb des natürlichen Lebenszyklus der Insekten, deren evolutionäre Entwicklung auf sie abgestimmt ist – und teils verblüht sind, bevor die spezielle Art von Schwebfliege oder Biene geschlüpft ist. Man kann nur hoffen, dass auch das Gegenteil zutrifft und besonders früh blühende Sorten den Speiseplan der Bestäuber in einer schwierigen Jahreszeit ergänzen oder Pflanzen, die Tausende Kilometer von ihrem eigentlichen Standort und den eigentlichen Bestäubern entfernt sind, den bei uns heimischen Insekten eine neue Nahrungsquelle bieten. Wir müssen ja nicht auf unsere Rosen oder die hübschen Pompon-Dahlien verzichten, können sie jedoch mit einfachen und offeneren Blütenformen mischen. Je mehr wir über die positiven wie negativen Auswirkungen unserer Gartenpraxis wissen, desto eher können wir verantwortlich und im Einklang mit der Natur gärtnern.

Bäume für Bienen

Bei bienenfreundlichen Pflanzen denken die meisten sofort an die Tüten mit Wildblumensamen, die in Supermärkten und Gartenzentren verkauft werden. Wildblumen sind wunderbar, farbenfroh, leicht anzusäen, und wachsen sogar in Kübeln. Sie geben uns das gute Gefühl, ein wenig den großen Verlust an Wiesen und Weiden (siehe S. 42) aufzuwiegen. Inzwischen wachsen Wildblumen oft erfolgreich an Straßenrändern und in den Städten. Gemeinde- und Stadträte haben erkannt, welche Biodiversität und welchen ästhetischen Wert Leimkraut, Rotklee oder Klatschmohn in Betonwüsten bringen. Verglichen mit dem Platz, den sie benötigen, erzeugen Wildblumenpflanzungen allerdings nur sehr wenig Nektar und Pollen für die Bienen. Zudem sind es oft einjährige Pflanzen, die im kommenden Jahr nicht wiederkommen, wenn sie nicht neu ausgesät werden. Häufig schenken uns diese Wildblumen jedoch einen Sommer lang mehr Freude als den Bienen. Also zögern Sie nicht, wenn Sie genau die richtige Stelle und die richtigen Bedingungen für eine Wildblumenmischung im Garten haben, denn Wildblumen sind in jedem Fall besser als keine.

Was sollten wir also stattdessen als Bienennahrung in unseren Gärten pflanzen? Ganz klar: Wer ausreichend Platz hat, sollte winterharte Mehrjährige wie Sträucher oder sogar einen Baum pflanzen. Das halte ich für sinnvoll.

Vielen Menschen ist gar nicht bewusst, dass Bäume massig Pollen erzeugen, denn ihre Blüten sind oft sehr klein, grün und leicht zu übersehen (Weidenkätzchen sind zum Beispiel nichts anderes als Trauben winziger Blüten). Allein, wer von Heuschnupfen geplagt wird, dem ist schmerzlich bewusst, dass die Luft im April und Mai voller Baumpollen ist.

Die ebenfalls Bienen und Pflanzen liebende Sarah Wyndham Lewis von der preisgekrönten nachhaltigen Imkerei *Bermondsey Street Bees* in London bringt es auf den Punkt, wenn sie sagt, man brauche ein ganzes Fußballfeld voller Wildblumenblüten, um so viel Bienenfutter zu produzieren wie ein einziger Lindenbaum. Es ist erstaunlich, wie viel Nahrungsangebot Bäume den Bienen bringen, besonders im Frühling. Ich höre schon Ihre Gedanken: Wer hat schon Platz in seinem Garten für eine große Linde. Aber es muss ja auch nicht gleich ein Lindenbaum sein. Es gibt reichlich blühende Sträucher in allen Größen und Formen – von Lavendel bis Säckelblume *(Ceanothus)* – und zahlreiche kleinere Bäume, wie Apfel- oder Kirschbaum, die für Bienen und uns reichlich Blüten hervorbringen und zum Gedeihen oft nur einen großen Pflanzkübel oder ein Blumenbeet benötigen. Kleine Bäume in großen Kübeln sind ideal für Innenhöfe, Balkone oder für Gärten – wie in meinem Fall – in einem gemieteten Haus. Meine langlebigen Pflanzen im Kübel kann ich mitnehmen, wenn ich mal umziehe.

Garten und Bepflanzung bienenfreundlich anlegen

Wer in der glücklichen Lage ist, einen Garten zu besitzen, den er nach seinen Vorstellungen gestalten kann, ist hier richtig. Gartenplanung ist mein Beruf, den ich ausübe, wenn ich mich nicht gerade um meine Bienen kümmere oder Chaos in der Küche anrichte. Es wäre nachlässig von mir, mein Wissen hier nicht zu teilen. Mir ist klar, dass nicht jeder den Luxus eines eigenen Gartens genießt, daher habe ich in diesem Kapitel auch nützliche Tipps aufgenommen, die sich für Außenflächen wie Balkone eignen – und seien sie auch noch so klein.

1: Beete erweitern, Rasen verkleinern

Rasenflächen sind beliebt. Kinder können darauf herumtoben und ebenso Hunde, die den Rasen auch gern als Toilette benutzen. Menschen stellen Pavillons auf den Rasen und verbrauchen Strom oder Benzin, um ihn zu unchristlichen Zeiten zu mähen, oder sie lassen das Gras unter Planschbecken gelb werden – alles gute Gartentradition. Wohnungsbauunternehmen entscheiden sich daher gern für möglichst große Rasenflächen, da sie davon ausgehen, niemand wolle etwas anderes – und weil es zudem teurer ist, Beete mit hübschen Pflanzen zu füllen, als Rasen anzusäen. Wer jedoch einen Garten hat, der noch eine »unbemalte Leinwand« ist oder ihn gern umgestalten möchte, sollte Rasenflächen zugunsten von Beeten reduzieren. So entsteht Raum für traumhafte Blühpflanzen, die auch den Bienen Freude machen. Den halben Meter Rasen, der nun nicht mehr gemäht oder von Hundehäufchen befreit werden muss, wird niemand vermissen. Das verspreche ich.

2: Zwiebeln für bunte Frühblüher auf dem Rasen pflanzen

Wer auf keinen Zentimeter Rasen verzichten möchte, kann die Grünfläche trotzdem hübscher gestalten und gleichzeitig Bienen Nahrung bieten. Dafür sorgen einzelne Gruppen von Frühblühern im Rasen. Man muss dazu nur die Grasnarbe etwas einritzen und die Zwiebeln in den Boden drücken. Löcher im geliebten Rasen entstehen also keine. Die Frühblüher blühen, bevor der Rasen das erste Mal gemäht werden muss – und es sieht wunderschön aus. Im Frühjahr genieße ich die bunten Blütenteppiche beispielsweise in den Gartenanlagen des historischen Ham House in London. Besonders geeignet sind Krokusse, kleine Tulpen *(Tulipa saxatilis, Tulipa turkestanica* oder *Tulipa linifolia)* oder Traubenhyazinthen *(Muscari)*. Frühblüher sind vor allem für Hummeln wichtig, die sehr früh schlüpfen und auf diese Blühpflanzen als Nahrung angewiesen sind.

3: Nicht nur Grashalme sind grün

Mit etwas Experimentierfreude kann man Alternativen zum »Rasen« testen. In den Kew Gardens in London wächst zum Beispiel im Rasen reichlich Kamille, die ein Segen für alle Bestäuber ist und wunderbar duftet. Thymian und Klee tragen ebenfalls hübsche Blüten, und das gilt auch für Gänseblümchen (dazu später mehr). »Rasenunkräuter« wie Kamille oder Klee bleiben zudem in heißen Sommern noch grün, wenn Grashalme längst gelb sind. Man muss nur offen für die Idee eines artenreichen Rasens sein.

4: Lücken in den Blühzeiten füllen und einen Blühkalender anlegen

Beim Kauf neuer Gartenpflanzen gilt es stets zu bedenken, wann sie blühen. Am besten erstellt man sich dazu einen Blühkalender der Lieblingspflanzen und schaut dann, wo es noch Lücken bei den Blühzeiten gibt. Pflanzen, die diese Lücken füllen können, gibt es immer, und es ist leicht herauszufinden, wann welche Pflanze blüht. Gärtnereien und Gartenzentren helfen gern mit Information weiter. Außerdem gibt es jede Menge Blühkalender und Pflanzenfinder im Internet sowie spezielle Apps zum Thema.

5: Pflanzenarten in Gruppen pflanzen oder einzelne Akzente setzen

Dieselben Kultivare oder Pflanzenarten in Gruppen zu pflanzen ist eine Technik, die »blütenstetigen« Bestäubern wie Bienen, die sich beim Ausflug auf die Blüten einer Pflanzenart beschränken, besonders entgegenkommt. Wer Blühpflanzen aber lieber mischen und ein wenig im Garten verteilen möchte, statt sie in Gruppen zu pflanzen, muss sich keine Sorgen um die Bienenfreundlichkeit machen, denn in der Natur wachsen viele Pflanzen verstreut, und die Bienen sind daran gewöhnt, hin und her fliegen zu müssen. Je nach Garten nutze ich gern beide Ansätze, erzeuge in Blumenbeeten oder als Unterpflanzung von Bäumen hier ein paar dichtere Gruppen von ein und derselben Pflanzenart und dort einen gemischten Bereich. Sozusagen das Beste aus zwei Welten!

6: Eine schöne Mischung: gefüllte und ungefüllte Blüten

Wie schon erwähnt (siehe S. 49), sind Kultivare mit ungefüllten, offenen Blüten für Bestäuber besser geeignet als gefüllte Blüten. Man sollte daher bei der Gartenplanung unbedingt auch Pflanzen mit ungefüllten Blüten berücksichtigen.

7: Ein Garten ganz ohne insektenschädliche Chemie

Für artenreiche und gesunde Ökosysteme sind chemische Stoffe schlichtweg nicht gut. Leider kommt es nicht nur darauf an, wie wir selbst gärtnern, sondern auch auf die Praxis der Gärtnereien und Gartenzentren, von denen wir unsere Pflanzen beziehen. Der britische Naturschutzökologe und Hummelspezialist Dave Goulson testete 2017 in einer Studie Pflanzen aus großen britischen Supermärkten und Gartenzentren auf Neonikotinoide und andere Pestizide. Ganze 70 Prozent der angebotenen Pflanzen waren belastet. Die Hälfte von ihnen trug das Label »Perfect for Pollinators« (perfekt für Bestäubungsinsekten) der britischen Royal Horticultural Society (RHS).

Pestizide wie Neonikotinoide sind über mehrere Jahre in Pflanzen nachweisbar und finden sich in Pollen und Nektar, die die Bienen fressen. Um diese Gifte für die Bienen zu vermeiden, sollte man bereits beim Kauf auf Pflanzen aus biologischer Anzucht achten, die ohne Chemie aufgezogen wurden. Aber nicht nur Pflanzen, auch das Saatgut wird oft chemisch behandelt. Die EU hat zwar 2018 die Freilandanwendung mehrerer schädlicher Neonikotinoide verboten, doch deren Einsatz in Gewächshäusern ist weiterhin erlaubt.

8: Kletterpflanzen – der Griff nach den Sternenblüten

Hat ein Garten Zäune oder Mauern, dann sind diese häufig mit Kletterpflanzen bewachsen. Gut so! Wenn nicht, dann lässt sich dieser Gartenbereich mit relativ wenig Aufwand in eine wunderschöne Blütenwand verwandeln. Einige Clematisarten *(Clematis armandii; Clematis cirrhosa)* tragen bereits früh im Jahr wunderschöne weiße, sternenförmig angeordnete Blüten. Sie kündigen den Frühling an und sind für früh fliegende Bestäuber eine wertvolle Nahrungsquelle.

9: Der Efeu ist dein Freund

Wer einen alten Efeu *(Hedera helix)* im Garten hat, sollte lieber noch einmal darüber nachdenken, bevor er ihn rodet, denn eine mit Efeuranken überwucherte Mauer, die an sonnigen Oktobertagen voller Leben summt und brummt, ist die reinste Freude. Efeu ist bei allen fliegenden Insekten höchst gefragt, denn die Kletterpflanze blüht erst dann, wenn im Garten nur noch wenige Nektarquellen zur Verfügung stehen. Wer die zahlreichen Efeublüten nicht mag, schneidet sie einfach zurück, wenn sie abgeblüht sind. Efeu hat leider den schlechten Ruf, das Mauerwerk zu beschädigen. Eine neuere Studie aus Oxford von 2018 hat gezeigt, dass das nicht ganz richtig ist. Die Luftwurzeln des Efeus dringen zwar in bereits vorhandene Risse im Mauerwerk ein, verursachen sie aber nicht. Möchte man also Efeu (oder andere Kletterpflanzen) pflanzen, sollte man rissige Mauern oder abgeplatzten Putz zuvor einfach ausbessern (oder sie von den Pflanzen übewuchern lassen). Ist das Mauerwerk solide und der Putz in gutem Zustand, muss man sich also wegen des Bewuchses keine Sorgen machen. Tür- und Fensteröffnungen, Regenrinnen und Befestigungen sollten jedoch regelmäßig freigeschnitten werden. Die Studie zeigte auch, dass Efeu und andere Kletterpflanzen an Mauern durchaus von Vorteil sind, denn sie bilden eine natürliche Dämmschicht, die im Winter das Mauerwerk vor Frostschäden schützt und Gebäude isoliert – im Winter vor Kälte und im Sommer vor Hitze. Der Pflanzenbewuchs ist also durchaus eine diskutable Möglichkeit, um Energiekosten zu senken!*

10: Verfestigte Flächen auflockern

Innenhöfe, gepflasterte Terrassen und Gartenwege, Stufen etc. sind verfestigte Bereiche, auf denen Bestäuber keine Nahrung finden – und umweltfreundlich sind sie ebenfalls nicht. Die versiegelten Flächen speichern tagsüber Sonnenhitze, geben sie nachts wieder ab und tragen so zum »urbanen Hitzeinsel-Effekt« bei. Pflanzen (auch Rasenflächen) haben dagegen eine kühlende Wirkung und können bei starken Niederschlägen Feuchtigkeit aufnehmen. Es gibt Tricks, um verfestigte Bereiche aufzulockern. So kann man beim Anlegen einer Terrasse zwischen den Bodenplatten Lücken für Bodendecker wie Kriechenden Thymian oder Berufkräuter lassen. Dies empfehle ich auch bei Gartenwegen und bei Gartentreppen am Fuß der Setzstufen. Einige »berühmte« Gärten sind wegweisend (das Wortspiel ist beabsichtigt!) für diese Art der Bepflanzung und bieten reichlich Inspiration. Dazu gehört die Gartengestaltung von Matt Reese auf der Terrasse von Malverleys im britischen Hampshire (www.malverleys.co.uk). Matt zeigt, wie romantisch und natürlich es wirkt, wenn zwischen Pflastersteinen Samen gesät werden, um versiegelte Bereiche auflockern.

11: Ran an die Töpfe

Zur Auflockerung versiegelter Flächen eignen sich auch Topfpflanzen. Sie leisten einen Beitrag, wenn es darum geht, den Effekt »urbaner Hitzeinseln« zu reduzieren. Topfpflanzen im Eingangsbereich, an Treppen, auf Balkonen und in Innenhöfen lassen sich jederzeit neu arrangieren. Bepflanzt mit Kräutern wie Rosmarin und Thymian, die man blühen lässt, liefern sie Bienennahrung und frische Kräuterwürze für die Küche. Ich kenne Gärtner, die sich auf die Gestaltung mit Kübeln und Töpfen spezialisiert haben. Es ist eine gute Möglichkeit, sich kreativ zu betätigen und Bestäuber zu unterstützen.

---

* Der Dämmeffekt von Efeu *(Hedera helix L.)* schützt das Mauerwerk von Gebäuden vor Frostschäden. Siehe dazu: DOI: 10.1038/s41598-018-28276-2 oder auch www.transforming-cities.de/begruente-fassaden-in-staedten-helfen-gegen-feinstaub-stickoxide-und-hitze sowie www.portal.uni-koeln.de/universitaet/aktuell/presseinformationen/detail/begruente-fassaden-in-den-staedten-helfen-gegen-feinstaub-stickoxide-und-hitze

Bienenfreundliche Gartenpflege

Auch Gärten, die bereits bepflanzt sind, lassen sich noch bienen- und bestäuberfreundlicher gestalten. Es gibt viele Arten des Gärtnerns. Derzeit sind wildtierfreundliche Gärten sehr beliebt, weshalb man glücklicherweise reichlich Information zum Thema findet. Im Folgenden ein paar Tipps von mir, wie man einen Garten optimal für die Bienen gestaltet und sich dabei gleichzeitig auch eine Menge Arbeit erspart.

1: Rasenmähen ist Zeitverschwendung!

Es kann für die Tierwelt in einem Garten sehr nützlich sein, wenn man den Rasen ein wenig anders pflegt. Zu Beginn der Corona-Pandemie im Frühjahr 2020 waren die Kew Gardens in London geschlossen. Viele der 200 Gärtner:innen waren beurlaubt, sodass die 133 Hektar große Rasenfläche der Anlage nicht wie üblich gemäht werden konnte. Das führte dazu, dass der berühmte Syon Vista – eine 800 Meter lange, klassische Sichtachse aus Rasen – mehrere Wochen sich selbst überlassen blieb. Soweit das Auge reichte, erstrahlte er ungewohnt im Weiß der Gänseblümchen *(Bellis perennis)*, die nun zum ersten Mal blühen durften und den Bestäubern des Botanischen Gartens einen mit Pollen und Nektar reich gedeckten Tisch bescherten. Die Hummeln müssen begeistert gewesen sein. Da »Rasenunkräuter« wie Löwenzahn und Gänseblümchen als frühe Blüher im Frühjahr eine wichtige Nahrungsquelle für Bienen sind, sollte man sie einfach blühen lassen, bevor der Rasen gemäht wird. Wer Lust hat, schließt sich der Aktion 'No mow May' an, die in Deutschland als »Mähfreier Mai« von der Gartenakademie RLP und der Deutschen Gartenbau-Gesellschaft 1822 e. V. ins Leben gerufen wurde, um Wildtieren in unseren Gärten einen Monat Ruhe und ein üppiges Nahrungsangebot zu schenken. Im Juni kann man dann einen Pfad durch die jetzt hohe Wildkräuterwiese mähen. Das sieht hübsch aus und gefällt vielleicht dem einen oder anderen so gut, dass er seinen Rasen länger stehen lässt.

2: Jäten mit Bedacht

Beim Jäten ist Umsicht angesagt. »Unkräuter« wie Löwenzahn und Taubnessel liefern Bienenkost. Von daher sollte man sie ausblühen lassen, bevor man sie entfernt. Neben Nektar- und Pollenquellen sind »Unkräuter« Wirtspflanzen, denn viele Schmetterlingsarten legen ihre Eier auf ihnen ab. Schmetterlinge ernähren sich vom Nektar bestimmter Pflanzen, doch ihre Raupen benötigen Blätter anderer Pflanzen. Für uns Menschen ist ein »Unkraut« schlichtweg eine Pflanze, die am »falschen« Ort wächst. Doch »Unkräuter« haben sich perfekt an Standorte angepasst, um ihre lebenswichtige Aufgabe für das Ökosystem zu erfüllen. Im Steingarten von Kew Gardens hat sich zum Beispiel violettes Gras entwickelt. Generationen von Gärtner:innen und Freiwilligen haben das Gras beim Jäten übersehen, da es mit seiner Umgebung aus steinigem Mulch völlig verschmolzen ist – 'Survival of the Purplest' (Überleben der Violettesten). Jede Pflanze hat ihre ökologische Nische. Erstaunlich, wie anpassungsfähig »Unkräuter« sind und wie sie all den Bemühungen trotzen, sie von ihrem Standort zu vertreiben.

Im Frühjahr und Sommer sollte man beim Jäten im Blütenbeet auf kleine Löcher in trockenen, offenen Bereichen achten. Diese kleinen, runden Löcher sind Eingänge zu den Bauten erdlebender Wildbienen, die man am besten in Ruhe lässt. Es macht Spaß, nach ihren Bauten zu suchen und die Biene vielleicht dabei zu beobachten, wie sie hinein- oder herauskrabbelt.

3: Kühne Schnitte

Der sogenannte Chelsea Chop (Chelsea-Schnitt) verlängert die Blüte. Diese Schnitttechnik kann die Pflanzen ohne Standhilfen stützen, wie ich bei meiner Arbeit im Broadwalk-Beet in Kew Gardens gelernt habe. Wenn man die äußeren Triebe hochwachsender Stauden sorgfältig zurückschneidet, stützen sie die inneren Triebe und tragen etwas später Blüten, wodurch die Blütezeit verlängert wird. Das schenkt den Bienen Zeit, Pollen und Nektar zu ernten. Genial! Besonders gut funktioniert diese Schnitttechnik bei Aster, Fetthenne, Glockenblume, Phlox, Sonnenbraut und Sonnenhut.

4: Weg mit der Chemie!

Wie schon beim Kauf von Pflanzen (siehe S. 58) erwähnt, sollte man versuchen, im Garten ganz ohne Pestizide und Herbizide auszukommen. Inzwischen wissen wir, welchen schädlichen Einfluss sie auf die Natur haben. Außerdem ist es gut für Leib und Seele, wenn man beim Jäten von Hand ein wenig ins Schwitzen kommt. Um Blattlausbefall zu vermeiden, knipst man die Spitzen der Ackerbohne *(Vicia faba)* am besten ab, die übrigens köstlich in Pfannengerichten schmecken. Vereinzelte Blattlausexemplare zerdrückt man mit den Fingern, statt sie zu besprühen. Honigbienen und Hummeln lieben den Nektar der Bohnenblüten: Wenn wir sie mit Chemie überziehen, schaden wir den Insekten.

5: Die Schönheit von vertrockneten Blütenständen und Gräsern

Heute gehen immer mehr Gärtner:innen und Gartenbauer:innen dazu über, Pflanzen natürlich absterben zu lassen, statt sie nach der Blüte oder wenn sie im Spätsommer oder Herbst braun werden, zurückzuschneiden. Tatsächlich lässt man Pflanzen genau wegen des bestimmten Aussehens in dieser Phase des Vertrocknens stehen, denn im Winter sind getrocknete Blütenstände und Gräser, die von Frost überzogen sind, eine wahre Pracht. Von diesem Ansatz des »Gärtnerns für das Saisonende« profitiert das Ökosystem des Gartens enorm. Vertrocknetes muss auch nicht »unordentlich« wirken, wenn man nur gezielt das wegschneidet, was abgebrochen oder umgefallen ist. Maikäfer überwintern bevorzugt in den Samenständen von Brandkräutern *(Phlomis)*, und dichte goldene Büschel von getrocknetem Gras bieten Gartenbewohnern und Insekten ein geschütztes Habitat. Wenn man dann alles im Frühjahr zurückschneidet, bevor das erste Grün nachwächst, bleibt die Erde lediglich für ein paar Wochen im Jahr kahl, in denen die Zwiebelpflanzen schon langsam anfangen zu sprießen und die Gräser wieder zu wachsen beginnen... und die Gartensaison von neuem beginnt.

Pflanzen für Bestäuber kaufen: Empfehlungen

Wie wir gärtnern und was wir pflanzen, ist essenziell, um bestäubende Insekten im Garten zu unterstützen und ihnen Nahrung zu bieten. Aber was sollte man berücksichtigen, wenn man einen Garten neu anlegt oder Änderungen plant? Bienenfreundliche Pflanzen sind heute überall zu beziehen, und es gibt reichlich Informationsquellen, die sich mit dem aktuellen Thema bienenfreundliches Gärtnern beschäftigen. Hier einige meiner Lieblingstipps – nach Saison geordnet, damit man die Pflanzen entsprechend ihrer Blühzeiten kaufen kann.

Wer in einer ländlichen Gegend mit Feldern und Bauernhöfen lebt, sollte sich einmal genau umsehen, welche Feldfrüchte im Juni dort blühen. Landwirt:innen und Imker:innen sprechen von Ernte- bzw. Trachtlücken im Juni, die für die Bienen eine harte Zeit sein können, denn Weißdornhecken und hektarweise Rapsfelder sind schon abgeblüht, und die Wildblüten des Sommers noch nicht offen. Doch es gibt reichlich Pflanzen für den Garten – ob Bäume, Sträucher oder Stauden –, die im Juni diese Blühlücken in der Umgebung ausgleichen können und den Bienen Nahrung spenden.

Spätwinter und Vorfrühling

Busch-Windröschen *(Anemone nemorosa* oder *blanda)*, Christrose *(Helleborus)*, Clematis *(Clematis cirrhosa* oder *Clematis armandii)*, Hasel *(Corylus avellana)*, Krokus *(Crocus)*, Mahonie *(Berberis aquifolium* bzw. *Mahonia aquifolium)*, Primel *(Primula)*, Schachblume *(Fritillaria meleagris)*, Schneeglöckchen *(Galanthus nivalis)*, Kleiner Winterling *(Eranthis hyemalis)*.

Frühling

Apfel, Brombeere, Duftblüte *(Osmanthus x burkwoodii)*, Edelkastanie *(Castanea sativa)*, Holzapfel, Kirsche, Kirschlorbeer *(Prunus laurocerasus)*, Lauch *(Allium)*, Rosmarin, Rosskastanie *(Aesculus hippocastanum)*, Säckelblume *(Ceanothus)*, Taubnessel *(Lamium)*, Traubenhyazinthe *(Muscari)*, Weide *(salix)*, Weißklee *(Trifolium repens)*, Zierquitte *(Chaenomeles)*.

Sommer

Wilde Artischocke *(Cynara cardunculus* oder *scolymus)*, Berufkraut *(Erigeron)*, Borretsch *(Borago)*, Duftnessel *(Agastache)*, Goldmelisse *(Monarda)*, Heide *(Erica cinerea* oder *Calluna vulgaris)*, Kardone, Katzenminze *(Nepeta)*, Kornblume *(Centaurea)*, Lavendel, Nachtkerze *(Oenothera)*, Natternkopf *(Echium)*, Oregano, Salbei, Scheinsonnenhut *(Echinacea)*, Sommerflieder *(Buddleja)*, Storchschnabel *(Geranium)*, Trompetenbaum *(Catalpa bignonioides)*.

Herbst

Efeu *(Hedera helix)*, Fetthenne *(Hylotelphium spectabile)*, Goldlack *(Erysimum)*, Sommerflieder *(Buddleja)*, Sonnenbraut *(Helenium)*, Sonnenhut *(Rudbeckia)*, Verbene *(Verbena)*.

Winter

Efeu *(Hedera helix)*, Erdbeerbaum *(Arbutus uned)*, Goldlack *(Erysimum)*, Mahonie *(Mahonia aquifolium)*, Schneeball *(Viburnum x bodnantense)*, Strauchehrenpreis *(Hebe)*.

Pollenbestimmung

Pollen verschiedener Pflanzen haben unterschiedliche Farben. Anhand von Pollenfarbkarten (wie der hier abgebildeten) können Imker:innen den Pollen im Bienenstock bestimmen und erkennen, welche Trachtpflanzen von den Bienen angeflogen wurden.

KAPITEL 1

Im Glas

62	Fermentierter Honig
65	Selbst geräucherter Honig
66	Pilze in Honig – zwei Varianten
68	Fenchel-Kimchi
72	Buttermilchdressing mit Harissa
73	Chipotle-Chilisauce mit Sauerkirschen
74	Lemon Curd

Fermentierter Honig

ROHHONIG

Honigfermente – das sind wunderbare Mixturen, die man in Einmachgläsern auf Küchenregalen lagern kann. Ich hüte sie liebevoll wie kleine Schätze über Wochen, manchmal auch Monate, bis sie ihre ganze Aromenwelt entfaltet haben.

Honig besitzt hygroskopische Eigenschaften, das heißt, er nimmt Feuchtigkeit aus der Umgebung auf – ob nun aus der Luft oder aus Lebensmitteln, die mit ihm in Kontakt kommen. Diese zusätzliche Feuchtigkeit setzt die Fermentation in Gang, die Bienen durch eine konstant niedrige Luftfeuchtigkeit im Stock gezielt verhindern (siehe S. 31). Sowohl in Honig fermentierte Lebensmittel als auch der fermentierte Honig selbst verleihen Gerichten ein besonderes Aroma. Es macht unglaublich Spaß, mit den verschiedenen Honigfermenten zu experimentieren und immer neue Geschmackskombinationen zu entdecken.

Honig für die Fermentation ist idealerweise roh, also weder wärmebehandelt noch gefiltert. Die verwendeten Zutaten sollten möglichst aus Bio-Anbau stammen und nur oberflächlich von Schmutz gesäubert werden, damit hoffentlich auch ein paar natürliche Hefen überleben, die die Fermentation unterstützen. Sind die Zutaten klein geschnitten oder leicht angedrückt, entzieht der Honig ihnen die Feuchtigkeit schneller. Fermentierter Honig wird übrigens aufgrund des erhöhten Wassergehalts mit der Zeit immer flüssiger.

Die gewünschte Zutat vorbereiten und mit 250 Gramm Honig in ein Einmachglas mit rund 500 Gramm Fassungsvermögen füllen. Bei Zimmertemperatur lagern.

Das Glas sollte in der ersten Woche täglich gewendet (auf den Kopf gestellt) oder umgerührt werden und zeitweise offen stehen (natürlich nur, wenn es nicht gerade auf dem Kopf steht), damit die Wildhefen aus der Umgebungsluft an den Honig gelangen.

Nach der ersten Woche genügt es, den Honig nur alle paar Tage zu wenden/umzurühren. Sobald die Zutaten auf den Boden des Glases abgesunken sind, kann man das Honigferment bei geschlossenem Deckel ungestört vor sich hin fermentieren lassen. Ab und zu testen, wie sich der Geschmack des Honigs verändert hat. Knoblauch kann man über ein Jahr lang in Honig fermentieren.

Geeignete Zutaten – pro Glas eine der folgenden Optionen wählen:

1 Knoblauchknolle, geschält, in Zehen zerteilt, die Zehen eingeschnitten

2 Stängel Zitronengras, erst längs, dann quer halbiert

4 Scotch-Bonnet-Chilischoten, halbiert

2 Feigen, geviertelt

1 grüne Mango, geschält, halbiert entsteint und in Stücke geschnitten

1 Handvoll reife Stachelbeeren oder Schlehen

Samenkerne von ½ Granatapfel

¼ Quitte, geschält, in Stücke geschnitten und mit Wasser beträufelt

3 Aprikosen, halbiert (mit Steinen)

Selbst geräucherter Honig

EICHEN-, KIRSCHBLÜTEN-, AHORN- ODER BIRKENHONIG

Dies ist eine unkomplizierte und originelle Methode, Honig oder andere Lebensmittel zu Hause kalt zu räuchern – und auf jeden Fall ein wunderbarer Vorwand, sich einen Imker-Smoker anzuschaffen, selbst wenn man gar keine Bienen hat.

Verschiedene Hölzer liefern beim Räuchern unterschiedliche Aromen. Am besten probiert man einfach verschiedene aus. Fruchthölzer wie Apfel oder Kirsche sind beliebt, und Hölzer wie Eiche und Hickory ergeben ein kräftigeres, tiefes Aroma. Je länger der Honig in der behelfsmäßigen Räucherkammer bleibt, desto deutlicher schmeckt er nach dem geräucherten Holz. Am besten experimentiert man so lange, bis man die bevorzugte Intensität des Raucharomas gefunden hat.

1 Glas Rohhonig (350 g) oder eine ausreichende Menge Honig, um einen tiefen Teller damit zu füllen, der in die Räucherkammer passt

Außerdem

Imker-Smoker mit Korb für das Räucherholz

Räucherholz der Wahl, in Form von Mehl, Spänen oder Chips

Große, hohe Aufbewahrungskiste (um den Räuchervorgang beobachten zu können, am besten durchsichtig)

Den Honig in einen großen, tiefen Teller geben (ca. 0,5 cm hoch) und den Teller auf den Boden oder eine erhöhte Unterlage stellen.

Den belüfteten Korb des Smokers mit Räucherholz füllen und anzünden. Den Korb in den Smoker setzen und den Smoker verschließen. Dann mit einem Blasebalg langsam Luft in die Räucherkammer pumpen, damit der Smoker in Gang kommt.

Sobald der Smoker gleichmäßig Rauch erzeugt, direkt neben den Honigteller stellen und die Aufbewahrungskiste umgedreht über Smoker und Teller stülpen, damit der Honig maximal mit dem Rauch in Kontakt kommt. Nach 20 Minuten eine Ecke der Kiste vorsichtig anheben und den Honig probieren. Anschließend den Honig in 20-Minuten-Intervallen erneut testen, bis er das gewünschte Raucharoma angenommen hat. Erlischt der Smoker, neu befüllen und erneut entzünden.

GERÄUCHERTEN HONIG VERWENDEN

Die Möglichkeiten für den Einsatz von geräuchertem Honig in der Küche sind schier unbegrenzt. Geräucherter Honig passt hervorragend zu Fleischgerichten wie Hähnchenflügel mit scharfer Aprikosenmarinade (siehe S. 99). Doch auch Cocktails mit Mezcal, rauchigem Whisky oder Campari erhalten durch einen Hauch Räucherhonig eine überraschende Note, wie Smoked Mezcal Margarita (siehe S. 238) oder Sesame Old Fashioned auf Seite 241 beweisen.

Pilze in Honig – zwei Varianten

Beide Pilzrezepte sind einfach zuzubereiten. Pilze in Honig verleihen Gerichten einen besonderen Pfiff, wie etwa den Parched Peas (siehe S. 110) oder dem Gerösteten Kürbis (siehe S. 106). Manchmal bereite ich gleich beide Varianten zu und serviere sie zusammen – die zart karamellisierten Pilze neben den süßsauren. Die Pilze schmecken auch köstlich auf Toastbrot mit etwas weichem Käse oder als Einlage in Suppen oder Saucen.

Schnelle marinierte Pilze

Größere Pilze in dicke Scheiben schneiden, kleine Pilze ganz lassen und mit Salz, Weißweinessig und, falls kein fermentierter Honig verwendet wird, kochendes Wasser mit dem gehackten Knoblauch im Mischungsverhältnis 1:1 in einen kleinen Topf geben, sodass die Pilze mit Flüssigkeit bedeckt sind. Aufkochen und 10 Minuten garen, dann abkühlen lassen. Honig und Aceto balsamico einrühren, sobald die Pilze etwas abgekühlt sind und anschließend 1 Stunde marinieren.

Man kann die Pilze pur servieren, ich hebe aber gern noch gehackte frische Kräuter und grob gehackte Walnusskerne unter. Die Pilze bis zum Servieren im Kühlschrank aufbewahren.

Ergibt 1 Glas à 350 ml

250 g gemischte frische Pilze, geputzt

¼ TL feines Meersalz

Weißweinessig

1 TL mit Knoblauch fermentierter Honig (siehe S. 62) oder 1 TL Honig und 1 Knoblauchzehe, geschält und grob gehackt

1 Spritzer Aceto balsamico

Geröstete Pilze, süßsauer

Den Backofen auf 140 °C vorheizen.

Größere Pilze in dicke Scheiben schneiden, kleine Pilze ganz lassen. Mit Olivenöl, Honig, Aceto balsamico, Knoblauch, Salz und Thymian (falls verwendet) in eine Auflaufform geben und gründlich vermischen.

Im vorgeheizten Ofen 10 Minuten rösten. Vorsicht: Die Pilze können durch den Zuckergehalt schnell verbrennen. Gebräunte und zart karamellisierte Pilze aus dem Ofen nehmen, abkühlen lassen und, falls gewünscht, mit etwas Rotweinessig geschmacklich abrunden.

Für 2 Personen als Topping

250 g gemischte frische Pilze, geputzt

4 EL Olivenöl

1 EL Honig

1 EL Aceto balsamico

1 Knoblauchzehe, geschält und fein gehackt

1 Prise grobes Meersalz

1 Zweig Thymian, Blättchen abgezupft, nach Belieben

Rotweinessig, nach Belieben

Fenchel-Kimchi

ROHHONIG

Traditionell wird Kimchi in Tontöpfen hergestellt, die im Boden vergraben werden und in denen es über den Winter langsam fermentiert. Zeit und Kühlung sind also für gutes Kimchi ganz entscheidend. Bei der Zubereitung lasse ich das Gemüse mit der Gewürzpaste daher auf der Arbeitsfläche erst einmal kurz fermentieren, bevor ich es für längere Zeit in den Kühlschrank stelle. Kimchi serviere ich grundsätzlich kalt, direkt aus dem Kühlschrank. Für gewöhnlich wird braune Miso-Paste verwendet, aber ein wenig Honig funktioniert ebenfalls. Der Rohhonig liefert dabei die stärkste mikrobielle Aktivität.

Die wichtigste Zutat für Kimchi sind Gochagaru, koreanische rote Chiliflocken. Sie sind relativ mild, weshalb man getrost die in der Zutatenliste angegebenen 5 Esslöffel verwenden kann. Der knackige Fenchel passt hervorragend zur feinen Honignote und ist mein persönlicher Beitrag für noch mehr Aroma. Schneidet man die Kohlspalten in Streifen, müssen sie nicht so lange in der Salzlake liegen und sind einfacher ins Glas zu schichten. Ich lasse die Spalten aber gern auch ganz und serviere sie bei einem Essen mit Freunden halbiert auf einem eigenen Teller, sodass sich jeder selbst ein Stück davon nehmen kann.

Ergibt 1 Einmachglas à 1 Liter oder 2 Einmachgläser à 500 ml

1 Chinakohl

250 g grobes Meersalz

½ dicke Knolle Fenchel

½ Daikon-Rettich oder ersatzweise 120 g knackige Radieschen

1–2 Karotten (ca. 160 g)

3–4 Frühlingszwiebeln, geputzt

2 große Knoblauchzehen, geschält

1 Stück frischer Ingwer (ca. 5 cm lang)

1 EL Fischsauce

½ EL Rohhonig

½ TL mit Knoblauch fermentierter Honig (siehe S. 62)

5 EL Gochugaru (korean. Chiliflocken)

Vom Chinakohl die beschädigten Blätter entfernen. Den Kohl der Länge nach halbieren und jede Hälfte noch einmal längs in drei Spalten schneiden. Bei einer anderen Technik, die ich sehr gern anwende, den Kohl vom Strunkende her nur ein wenig einschneiden und dann mit der Hand Stücke abreißen.

Das Salz in eine große Auflaufform geben, mit 2 Liter kochendem Wasser übergießen und gründlich verrühren, bis das Salz gelöst ist, dann abkühlen lassen. Die Kohlspalten kompakt in die lauwarme Salzlake schichten, sodass keine Luftblasen zwischen den Kohlblättern bleiben, und die Form von oben beschweren (ich benutze dazu einen großen Bräter, in den ich meine gusseiserne Taco-Presse für mehr Gewicht lege). Den Kohl so lange in der Lake ziehen lassen, bis die dicksten Blattrippen weich und biegsam sind. Achtung: Der Kohl gibt in der Salzlake Flüssigkeit ab. Falls nötig, ein wenig von der Flüssigkeit abschöpfen, sodass nichts überläuft.

Sobald der Kohl weich ist, das restliche Gemüse vorbereiten. Dazu Fenchel und Rettich oder Radieschen mit einem Hobel in Scheiben schneiden und in eine Schüssel geben. Die Karotten schälen und in Stifte schneiden (ich verwende dazu einen Julienneschneider). Die Frühlingszwiebeln der Länge nach halbieren, dann quer in Stücke schneiden. Karotten und Frühlingszwiebeln in die Schüssel geben.

Für die Würzpaste Knoblauch und Ingwer fein hacken oder reiben und in einer Schüssel mit der Fischsauce und den Honigen vermengen. Zum Schluss die Chiliflocken einrühren.

Die Kohlblätter bzw. -spalten aus der Salzlake nehmen und die Lake aufbewahren. Die Blätter mit den Händen ausdrücken und anschließend trocken tupfen. Nun die Kohlstücke rundum und zwischen den Blättern mit der Würzpaste einreiben, sodass jedes Stück von der Paste überzogen ist (wer mag, zieht dazu Einweghandschuhe an). Den Kohl beiseitelegen. Es sollte ein kleiner Rest der Würzpaste übrig bleiben. Falls nicht, noch ein wenig mehr Paste zubereiten.

Die restliche Würzpaste in die Schüssel mit den anderen Gemüsestücken geben und gründlich unterheben. Die Paste, falls nötig, mit etwas Lake verdünnen, sodass das Gemüse rundum benetzt ist.

Kohl und Gemüse abwechselnd in das Glas/die Gläser schichten und dabei immer wieder fest andrücken, damit möglichst wenig Luft eingeschlossen wird. Die Kohlspalten lassen sich dabei einfacher einfüllen, wenn man sie zu kleinen Kugeln aufrollt.

Während des Befüllens löffelweise die Lake zugeben. Zum Schluss das Gemüse mit Lake bedecken und das Glas/die Gläser mit einem Stück Backpapier belegen, das so groß ist, dass es über den Rand hängt. Das Backpapier mit einem kleinen Gewicht beschweren, um das Gemüse unter die Lake zu drücken (ich verwende dazu Weinkorken) und den/die Deckel lose aufschrauben, damit die Luft zirkulieren kann. Das Glas/die Gläser bei Zimmertemperatur an einem dunklen Ort 2 bis 3 Tage fermentieren lassen. Ab diesem Zeitpunkt sollte das Gemüse langsam anfangen, nach Kimchi zu riechen. Das Glas/die Gläser zum langsamen Fermentieren in den Kühlschrank stellen und nach einer Woche das erste Mal probieren (mir schmeckt mein Kimchi erst nach drei Wochen so richtig gut!). Dieses Kimchi ist ein echter Allrounder und passt als Beilage zu fast allem. Einfach ausprobieren!

Buttermilchdressing mit Harissa

YUKATÁNHONIG

Dieses aromatische Dressing verwandelt selbst den langweiligsten Eisbergsalat in eine erfrischende Köstlichkeit. Es passt ebenfalls gut zu gerösteten Stangenbohnen oder neuen Kartoffeln. Außerdem kann man in diesem besonderen Dressing auch sehr gut Fleisch, beispielsweise Hähnchenschenkel, marinieren. Die Säure des Essigs und der Buttermilch machen es schön zart und weich, wenn man es über Nacht darin einlegt. Einfach ausprobieren!

Alle Zutaten in einer Schüssel gründlich verquirlen, bis das Dressing sämig ist. Nach Geschmack mit Salz nachwürzen. Blattsalat erst in letzter Sekunde mit dem Dressing anmachen, damit er knackig bleibt.

Ergibt rund 75 ml Dressing

2 EL Olivenöl

½ EL geräucherte Harissapaste (scharfe arab. Würzpaste)

½ EL flüssiger Honig

1 EL Buttermilch

1½ TL Apfelessig

½ EL Granatapfelsirup

3 Prisen Szechuanpfeffer aus der Pfeffermühle

½ TL Salz

Chipotle-Chilisauce mit Sauerkirschen

GERÄUCHERTER HONIG

Chipotles sind reife, getrocknete und geräucherte Jalapeño-Chilischoten. Erhältlich sind sie ganz, in Pulverfom oder als »Chipotles en adobo« in einer Sauce aus Tomaten, Essig und Knoblauch. Mit Mayonnaise glatt püriert ergeben sie für mich die köstlichste scharfe Burgersauce überhaupt, dicht gefolgt von Lime Pickle, einer scharfen indischen Würzsauce mit Limetten, die ich ebenfalls mit Mayonnaise genieße. Scharfe Fruchtsaucen sind meine absoluten Lieblingssaucen – und bei der Kombination von Mango und Habañero-Chilis läuft mir das Wasser im Mund zusammen. Hier habe ich mich für Sauerkirschen mit ihrer aromatischen Säure entschieden. Die Sauce wird recht dick. Wer sie etwas flüssiger mag, drückt sie durch ein Passiertuch und gibt nach Geschmack noch etwas mehr Essig oder Wasser zu.

Chipotle und Knoblauch in einer trockenen Pfanne bei mittlerer bis starker Hitze rösten, bis sie rundum dunkel und leicht verbrannt sind. Den Knoblauch herausnehmen und beiseitelegen, die Chilischoten mit Lorbeerblatt, Piment und getrockneten Kirschen in einem kleinen Topf mit 150 Milliliter Wasser übergießen und zugedeckt für 30 Minuten sanft köcheln lassen.

Die Sauce durch ein Sieb abgießen und das Wasser auffangen. Das Lorbeerblatt entsorgen, die restlichen Zutaten in einen Standmixer geben und mit Knoblauch, Zwiebel, Kreuzkümmel, Tomatenmark und 75 Milliliter des aufgefangenen Kochwassers glatt pürieren. Ist die Sauce zu dick, noch etwas mehr von dem Kochwasser einarbeiten.

Die Sauce in einen Topf geben, Honig und 50 Milliliter Essig einrühren und 10 Minuten sanft köcheln lassen, dann probieren und nach Wunsch mit etwas mehr Essig abschmecken. Die Sauce bei Bedarf mit ein wenig Wasser oder Essig weiter verdünnen. Vom Herd nehmen und abkühlen lassen.

Die abgekühlte Sauce in eine kleine Flasche oder ein Schraubglas füllen. Im Kühlschrank hält sie sich mehrere Monate.

Ergibt je nach Zugabe von Wasser und Essig 250 ml oder etwas mehr

50 g getrocknete Chipotle (geräucherte mexikan. Jalapeño-Chilischoten)

2–4 Knoblauchzehen, geschält

1 Lorbeerblatt

2–3 Pimentkörner

60 g getrocknete Sauerkirschen

½ rote Zwiebel, geschält

1 Prise gemahlener Kreuzkümmel

1 EL Tomatenmark

1 EL geräucherter Honig (siehe S. 65)

50 ml Rotweinessig, nach Bedarf etwas mehr

Lemon Curd

KLEEHONIG

Zu dieser köstlichen Zitronencreme, die meine Kindheit versüßt hat, kann ich eigentlich nur sagen: »Hmmmmm, Lemon Curd.«

Die Schale von 3 Zitronen fein abreiben und in einer Schale mit dem Zucker vermengen. Dann alle Zitronen auspressen (sie sollten 250 bis 275 Milliliter Saft ergeben).

Eier, Eigelbe und Zitronenschalen-Zucker in einen Topf geben und mit einem Schneebesen schaumig schlagen, dabei den Zitronensaft nach und nach einträufeln. Unter ständigem Rühren bei schwacher Hitze erhitzen, bis die Mischung andickt. Vorsicht: Nicht überhitzen und ständig rühren, da das Eiweiß sonst zu Klumpen gerinnt. Wenn das passiert, die Masse durch ein Sieb passieren. Nun Salz und Honig einrühren, die Creme vom Herd nehmen und 1 bis 2 Minuten abkühlen lassen, dann in die Schüssel einer Küchenmaschine geben.

Die Masse gründlich aufschlagen und dabei die Butter würfelweise einarbeiten, bis eine blassgelbe, geschmeidige und völlig klümpchenfreie Creme entsteht. In Dessertgläser füllen und fest werden lassen. Die Creme hält sich im Kühlschrank 1 bis 2 Wochen.

Ergibt 2 Gläser à 300 ml

6 unbehandelte Zitronen
175 g Kristallzucker
3 Eier (Größe L) und 4 Eigelb
1 großzügige Prise feines Meersalz
75 g Honig
100 g Butter, gewürfelt

KAPITEL 2

Kleine Gerichte

78	Kardamom-Haferbrei	92	Chili-Knoblauch-Garnelen
81	Crumpets – eine Kindheitserinnerung	95	Seidige Kürbis-Pastasauce oder Kürbissuppe
82	Geröstete Karotten mit Ingwer, Chili und Schnittlauch	96	Schnelle Boston Baked Beans
85	Tomaten mit Limette, Honig und schwarzem Knoblauch	99	Hähnchenflügel mit scharfer Aprikosenmarinade
86	Gegrillter Salat mit Rauchmandeln und Senf-Vinaigrette	100	Tacos mit Jackfruit und Blumenkohl in Annatto-Marinade
88	Gerösteter Radicchio mit Karotten-Pickles und Sesam-Thunfisch	103	Tacos mit süß-scharfem Honig-Chipotle-Lamm
91	Radicchio-Birnen-Salat mit Fritto misto		

Kardamom-Haferbrei

KLEEHONIG

Es ist ein wohltuendes Ritual für mich geworden: Wenn ich diesen köstlichen Haferbrei am Morgen essen möchte, erwärme ich am Vorabend kurz vor dem Schlafengehen noch die Milch mit geröstetem Kardamom und Rooibos-Earl-Grey-Tee. So läute ich auf wunderbar entspannte Art das Ende des Tages ein und träume glücklich vom kommenden Frühstück. Am nächsten Morgen ist es meist hektisch. Der Induktionsherd und die Töpfe scheinen sich über mein bemühtes Rühren des Breis lustig zu machen, denn oft brennt er leicht an. Schon mit dem ersten Löffel dieses wärmenden und duftenden Frühstücksbreis kehrt meine innere Ruhe zurück. Eine wichtige Zutat ist Bienenbrot (Perga) mit seiner ausgeprägt duftigen, blumigen Note. Man erhält es im Onlinehandel, im Bioladen oder direkt bei Imker:innen. In den kälteren Monaten bin ich mit der Zugabe von Ingwer gern etwas großzügiger, da er wunderbar wärmt.

Für 2 Personen

4 schwarze Kardamomkapseln

500 ml Vollmilch

1 Teebeutel Rooibos Earl Grey

200 g Haferflocken

¼ TL gemahlener Zimt

1 Msp. gemahlener Ingwer (im Winter nehme ich gern die doppelte Menge)

1 großzügige Prise frisch geriebene Muskatnuss

Zum Servieren

etwas Kleehonig

etwas Bienenbrot (Perga), zerbröselt, zum Bestreuen

Sahne oder Vollmilch

Vor dem Schlafengehen die Kardamomkapseln in einem Mörser leicht anstoßen und in einer heißen, trockenen Pfanne rösten, bis sie anfangen zu duften. Die Milch sanft in einem Topf erhitzen und Tee und gerösteten Kardamom 5 Minuten in der köchelnden Milch ziehen lassen. Die Milch vom Herd nehmen, etwas abkühlen lassen und in ein Schraubglas füllen. Das Glas verschließen und über Nacht in den Kühlschrank stellen. Die Haferflocken mit etwa 200 Milliliter Wasser in ein zweites Schraubglas füllen, das Glas verschließen und gründlich durchschütteln. Ebenfalls über Nacht in den Kühlschrank stellen.

Am nächsten Morgen die Haferflocken durch ein Sieb abgießen und in einen Topf geben. Die Milch durch ein Sieb in den Topf gießen und die aufgefangenen Kardamomkapseln und den Teebeutel entsorgen. Zimt, Ingwer und Muskat in den Brei geben und unter ständigem Rühren bei mittlerer Hitze erhitzen, bis er cremig andickt (nicht verzweifeln, wenn der Brei ein wenig am Topfboden anhängt!).

Den warmen Brei in Müslischalen füllen und je einen Klecks Honig und etwas Bienenbrot darübergeben. Mit einem Kännchen Sahne oder Milch servieren.

Crumpets mit Honig – eine Kindheitserinnerung

KLEEHONIG

Als Kind habe ich oft allein gespielt, völlig in meine kleine Welt vertieft, bin im Garten durch Hecken gekrochen und lauerte an Tümpeln, habe manchmal seltsame Gläser in der Vorratskammer meiner Großeltern inspiziert und die Höhlen bestaunt, die ein Klecks Honig in den Haferbrei gräbt. Besonders gern habe ich die knusprige Kruste von den noch warmen Crumpets abgeknabbert, um das blasig-löchrige Labyrinth darunter freizulegen. Faszinierend fand ich das! Für die perfekte Teatime empfehle ich unbedingt Crumpets – und als Belag für dieses Hybrid zwischen Brötchen und Pfannkuchen schmeckt am besten ein leicht kristallisierter Kleehonig auf gesalzener Butter.

Die Mehle in eine mittelgroße Schüssel sieben und die restlichen Trockenzutaten mit dem Schneebesen einrühren. Mit 75 Milliliter warmem Wasser und Milch zu einem geschmeidigen Teig verrühren. Die Schüssel mit Frischhaltefolie abdecken und bei Zimmertemperatur etwa eine Stunde gehen lassen, bis der Teig Blasen wirft und sein Volumen vergrößert hat.

Die Butter bei schwacher bis mittlerer Hitze in einer Pfanne zerlassen, die ausreichend groß für vier Backringe oder Spiegeleierförmchen ist. Die Backringe oder Förmchen mit der zerlassenen Butter innen einfetten und in die Pfanne stellen, dann jeweils bis zur halben Höhe mit Crumpet-Teig füllen und bei mittlerer Hitze 10 bis 15 Minuten backen, bis die Oberfläche stockt.

Die Backringe oder Förmchen mit einer Küchenzange wenden und von der anderen Seite etwa 5 Minuten bräunen, dann herausnehmen. Die Crumpets aus den Formen lösen und auf einem Gitterrost abkühlen lassen. Die Ringe oder Förmchen erneut mit Butter einfetten und den restlichen Teig auf dieselbe Weise backen. Die noch warmen Crumpets mit Butter und Honig genießen.

Ergibt 10 Crumpets

200 g backstarkes Weizenmehl, z. B. Type 812

50 g Vollkornweizen- oder Dinkelmehl

1 Pck. Trockenhefe (7 g)

1 TL feinster Backzucker

¼ TL feines Meersalz

¼ TL gemahlener Zimt

½ TL Speisenatron

300 ml warme Vollmilch

etwas gesalzene Butter, zum Einfetten der Backringe, plus ein wenig mehr zum Bestreichen der Crumpets

Kleehonig, zum Bestreichen

Außerdem

4 Backringe speziell für Crumpets oder 4 Spiegeleiförmchen

Geröstete Karotten mit Ingwer, Chili und Schnittlauch

MIT KNOBLAUCH FERMENTIERTER HONIG

Karotten oder Pastinaken, ja vermutlich alle Wurzelgemüse, schmecken wunderbar mit Honig geröstet. In diesem Rezept kommen als Aromaten selbst gemachte oder auch gekaufte Ingwer- und Knoblauchpaste hinzu, die ich in meinem Kühlschrank immer parat habe. Ich kombiniere sie mit Schwarzkümmelsamen, mit Knoblauch fermentiertem Honig und mit Schnittlauch. Das ist eine gelungene Verbindung. Die Ofentemperaturen und die Reihenfolge der Zutaten in diesem Rezept sollten möglichst beibehalten werden, da Ingwer und Knoblauch bei höheren Temperaturen leicht verbrennen.

Den Backofen auf 160 °C vorheizen.

Die Karotten in eine kleine Auflaufform legen, mit Butter belegen und mit Salz bestreuen. Im vorgeheizten Ofen etwa 25 Minuten rösten und nach der Hälfte der Garzeit wenden.

Die Karotten aus dem Ofen nehmen und die Ofentemperatur auf 120 °C reduzieren. Die Karotten mit Knoblauch- und Ingwerpaste, Schwarzkümmelsamen, Honig und Chiliflocken (falls verwendet) vermischen und dann für weitere 10 Minuten in den Backofen geben.

Die Karotten herausnehmen, mit Schwarzkümmelsamen und Schnittlauch bestreuen und in der Auflaufform servieren.

Für 2 Personen

200 g Baby-Karotten oder etwas dünnere Karotten, längs halbiert oder geviertelt

50 g Butter, in kleinen Stücken

¼ TL grobes Salz oder Rauchsalz

¾ EL Knoblauchpaste

1 EL Ingwerpaste

1½ TL Schwarzkümmelsamen, plus etwas mehr zum Bestreuen

1 TL mit Knoblauch fermentierter Honig (siehe S. 62)

¼ TL Chiliflocken, nach Belieben

fein gehackter frischer Schnittlauch, zum Bestreuen

Tomaten mit Limette, Honig und schwarzem Knoblauch

BORRETSCHHONIG

Dieser aromatische und farbenfrohe Salat erhält durch die Tomaten und die schwarze Knoblauchpaste einen wunderbaren Umami-Geschmack. In große Stücke gezupfter, frischer Büffelmozzarella passt ganz ausgezeichnet dazu. Die Tomaten lässt man am besten vor dem Servieren bei Zimmertemperatur eine gute Stunde in Dressing und Kräutern ziehen.

Die Tomaten grob schneiden und die wässrigen Kerne entfernen.

Knoblauchpaste, Olivenöl, Rauchsalz, Limettensaft, Reisessig, Honig und die gemahlene schwarze Limette in einer Schüssel verquirlen. Die Sesamsamen in einer trockenen Pfanne rösten und die Hälfte der Samen noch heiß in das Dressing rühren, die andere Hälfte beiseitestellen.

Tomaten und Basilikum mit dem Dressing vermischen und eine Stunde ziehen lassen, damit sich die Aromen entfalten.

Die Zwiebeln in ein Sieb abgießen, abtropfen lassen und unter die Tomaten heben. Den Salat auf einem Teller anrichten. Den Mozzarella (falls verwendet) grob in Stücke zupfen und mit den restlichen Sesamsamen auf dem Salat verteilen.

Für 2 Personen als Vorspeise

2 große aromatische Tomaten (z. B. Ochsenherzen, Roma oder San Marzano)

½ TL schwarze Knoblauchpaste

2 EL natives Olivenöl extra

¼ TL Rauchsalz

Saft von ½ Limette

1 Spritzer Reisessig

½ TL Honig

1 Prise Loomi (arab. Gewürz aus gemahlener schwarzer Limette)

1 TL schwarze Sesamsamen

1 kleine Handvoll frische Basilikumblätter, gezupft

1 weiße Zwiebel, geschält, in feine Ringe geschnitten und in kaltes Wasser eingelegt

1 große Mozzarellakugel, nach Belieben

Gegrillter Salat mit Rauchmandeln und Senf-Vinaigrette

MIT KNOBLAUCH FERMENTIERTER HONIG

Dieser besondere Salat macht angenehm satt. Er hat Biss, salzige Rauchnoten, ist süß und nussig, hat die Schärfe von Dijon-Senf und eine angenehm zitronige Frische. Ich nenne das Dressing Vinaigrette, denn statt Zitronensaft kann man auch klassischerweise Apfelessig nehmen. Das Gleiche gilt für den Senf. Hier kann man auch variieren – und die Sauce schmeckt mit einem körnigen Senf genauso gut. Sind Rauchmandeln nicht zu bekommen, kann man die Mandeln auch selbst räuchern (siehe unten) oder das Salz in der Vinaigrette durch Rauchsalz ersetzen, das über Holz geräuchert wurde.

Für die Vinaigrette Knoblauch, Honig, Essig oder Zitronensaft und Olivenöl in einer Schüssel gründlich verrühren. Senf nach Geschmack dazugeben und verquirlen, dann mit Salz und Pfeffer würzen.

Eine Grillpfanne oder gusseiserne Pfanne bei starker Hitze ohne Fett heiß werden lassen (die Pfanne muss sehr heiß sein, damit die Kohl- und Salatspalten rösten, ohne zusammenzufallen). Kohl und Salat in die Pfanne setzen und auf einer Schnittseite je 30 Sekunden kräftig rösten, dann aus der Pfanne nehmen. Die Bohnen in die Pfanne geben und unter gelegentlichem Schwenken rösten, bis sie dunkel werden und Blasen werfen. Sie sollen gar sein, aber noch Biss haben.

Die Kohl- und Salatspalten mit den Bohnen auf einer Servierplatte anrichten und mit der Vinaigrette übergießen. Zum Schluss mit den gehackten Rauchmandeln bestreuen.

MANDELN RÄUCHERN

Mandeln mit Haut entweder auf einem kleinen Backblech oder auf einem ofenfesten Teller verteilen (beide sollten unter die Haube eines Grillgeräts passen). Den geschlossenen Grill mit leicht geöffnetem Ventil mit ein paar Eierkohlen anfeuern. Sobald sie glühen, die Kohlen auf eine Seite schieben und ein Stück Räucherholz oder eine Handvoll Räucherchips hineingeben (Kirsche, Eiche oder Hickory passen gut). Das Gitter auflegen und das Blech mit den Mandeln gegenüber der Hitzequelle auf das Gitter stellen. Den Deckel schließen und die Mandeln etwa 20 Minuten bei leicht geöffnetem Ventil räuchern. Nach der Hälfte der Zeit eine Mandel probieren.

Für 2 Personen

½ Spitzkohl, geputzt und in Spalten geschnitten

2 Romanasalat, geputzt und in Spalten geschnitten

200 g grüne Bohnen, geputzt

1 Handvoll Rauchmandeln mit Haut, grob gehackt

Für die Vinaigrette

½ Knoblauchzehe, geschält und zerdrückt

½ EL Honig (fermentierter oder geräucherter Honig passt besonders gut; siehe S. 62 und 65)

1 EL Apfelessig oder Zitronensaft

1 EL natives Olivenöl extra

1 EL Dijon-Senf, oder mehr nach Geschmack

grobes Meersalz und zerstoßener schwarzer Pfeffer

Gerösteter Radicchio mit Karotten-Pickles und Sesam-Thunfisch

AKAZIENHONIG

Dieser köstliche Salat kombiniert so viele kräftige Aromen und unterschiedliche Texturen, dass ich nie genug davon bekommen kann. Das wunderbar leichte Gericht lässt sich schnell auf den Tisch bringen, wenn man den Fisch schon im Voraus mariniert und die Karotten eingelegt hat.

Am besten den Thunfisch schon am Vortag marinieren. Dazu alle Zutaten für die Marinade in einer Schüssel gründlich vermischen, bis der Honig gelöst ist. Den Fisch in einen kleinen, flachen Behälter mit Deckel legen und vollständig mit der Marinade bedecken. Den Behälter verschließen und den Fisch über Nacht im Kühlschrank marinieren.

Als nächstes die Karotten für das Pickles zubereiten (am besten ebenfalls am Vortag). Die Karotten putzen, dann längs in dünne Scheiben schneiden. (Da mir die mit einem Sparschäler geschnittenen Scheiben etwas zu dünn sind und ich mehr Biss mag, nehme ich dafür gern ein Messer. Aber Vorsicht: Man braucht etwas Geschick, um sich nicht zu schneiden.) Nun den Essig mit 100 Milliliter Wasser, Honig und Zitronengras in ein Schraubglas geben, verschließen und kräftig verquirlen, bis der Honig gelöst ist. Die Karottenscheiben in die Flüssigkeit geben, das Glas verschließen und genauso lange in den Kühlschrank stellen, wie der Fisch mariniert.

Den Salat etwa 15 Minuten vor dem Essen vorbereiten. Dazu den halben Radicchio in einer heißen, trockenen Pfanne scharf anrösten, dann die Blätter in einer flachen Schale anrichten. Die eingelegten Karotten in ein Sieb abgießen und über den Radicchio geben.

Für das Dressing alle Zutaten in einer Schüssel gründlich verrühren, dann über Karotten und Radicchio gießen und vorsichtig unterheben.

Die Sesamsamen auf einen flachen Teller geben. Die Thunfischsteaks aus der Marinade nehmen und gut abtropfen lassen, dann die Schmalseiten für eine schöne Kruste in die Sesamsamen drücken.

Die Thunfischsteaks in einer trockenen Pfanne bei mittlerer Hitze von jeder Seite 1 Minute anbraten (die Bratzeit hängt von der Dicke der Steaks, der Pfannentemperatur, und dem gewünschten Geschmack ab. Ich mag meine Steaks innen roh und außen knusprig). Aus der Pfanne nehmen und in dünne Scheiben (ca. 0,5 cm) schneiden.

Den Fisch mit einem Teil der restlichen Marinade in einer flachen Schüssel anrichten. Den Salat auf Teller verteilen, den Fisch mit ein paar Sesamsamen bestreuen und dazu servieren.

Für 2 Personen

2 frische Thunfischsteaks
½ Radicchio, geputzt
helle und dunkle Sesamsamen für die Sesamkruste des Fischs und zum Servieren

Für die Marinade
1½ EL Akazienhonig
1 EL Mirin (süßer jap. Reiswein)
1 TL Reisessig
4 EL helle Sojasauce
½ Stängel Zitronengras, längs halbiert
etwas Sesamöl

Für die Karotten-Pickles
1 Handvoll violette, gelbe oder orangefarbene Karotten
100 ml Reisessig
1 TL Honig
½ Stängel Zitronengras, längs halbiert

Für das Dressing
1 EL Honig
1½ TL Reisessig
Saft von ½ Limette
1 TL geröstetes Sesamöl
1 Prise Meersalz
etwas helle Sojasauce

Radicchio-Birnen-Salat mit Fritto misto

WILDBLÜTENHONIG

In diesen köstlichen Ausbackteig kann man fast jedes Obst und Gemüse tauchen. Hier habe ich Birnen, Fenchel und Grapefruit mit dem Teig umhüllt. Frisch gebacken verlangen sie förmlich nach der Süße des Honigs. Während eine Hälfte des Obsts und Gemüses frittiert wird, stelle ich die andere Hälfte kühl und serviere beides. Dazu gibt es Radicchio Rosso di Treviso, der einen knackigen Kontrast und Bitternoten ins Spiel bringt, und Frischkäse wie Mozzarella.

Die Birne längs in dünne Scheiben schneiden. Etwas Zitronensaft in eine kleine Schüssel mit kaltem Wasser geben und die Birnenscheiben darin einlegen, damit sie nicht braun werden. Ein Drittel der Scheiben zum Frittieren beiseitestellen, den Rest kühl stellen.

Die Grapefruit quer halbieren. Eine Hälfte mit der Schale in dünne, halbmondförmige Scheiben schneiden und zum Frittieren beiseitestellen. Die andere Hälfte schälen und das Fruchtfleisch aus den Häuten schneiden (Filets auslösen) und kühl stellen. Den Radicchio in einzelne Blätter teilen und ebenfalls in den Kühlschrank stellen.

Den Fenchel mit einem Gemüsehobel aufschneiden und bis zum Frittieren beiseitestellen. Den Honig in einem Topf leicht erhitzen, dann vom Herd nehmen. In einem zweiten Topf den Kreuzkümmel rösten, dann in einem Mörser leicht zerstoßen und beiseitestellen.

Für den Ausbackteig die Trockenzutaten in einer Schüssel mit der Gabel gründlich vermengen. Einen mit Küchenpapier ausgelegten Gitterrost neben dem Herd bereitstellen.

Zum Frittieren das Öl in einer tiefen Pfanne bei mittlerer bis starker Hitze heiß werden lassen. In der Zwischenzeit das Obst und Gemüse bereitstellen. Wasser, Sekt, Bier oder Cider zügig mit den Trockenzutaten verquirlen. Mit einem Teelöffel etwas Teig ins Öl geben, um zu testen, ob es heiß genug ist. Fängt der Teig sofort an zu brutzeln und steigt an die Oberfläche, ist das Öl frittierfertig.

Obst- und Gemüsescheiben erst durch den Teig ziehen, dann je nach Größe der Pfanne portionsweise 4 bis 5 Scheiben vorsichtig in das Öl tauchen. Sobald sie goldbraun sind, mit einer Küchenzange herausnehmen und auf das Küchenpapier legen.

Gekühlte Birnen, Grapefruit und Radicchio auf einem Servierteller anrichten und mit Olivenöl beträufeln. Das Fritto Misto darauf verteilen und mit Honig und weiterem Öl beträufeln. Kreuzkümmel und Walnusskerne und mit Frischkäse darübergeben und servieren.

Für 4 Personen

1 große, feste Birne (z. B. Conferénce, Williams oder Butterbirne)

etwas Zitronensaft

1 unbehandelte Grapefruit

3 Radicchio, am besten der Sorte Rosso di Treviso, geputzt

1 Knolle Fenchel, geputzt

Pflanzen- oder Erdnussöl, zum Frittieren (ca. 1 l)

Für den Ausbackteig

50 g Reismehl

50 g Speisestärke

½ TL Backpulver

½ TL Salz

frisch gemahlener schwarzer Pfeffer

½ TL Baharat (arab. Gewürzmischung)

ca. 100 ml kohlensäurehaltiges Mineralwasser, Sekt, Bier, kräftiger Cider oder ein anderes kohlensäurehaltiges Getränk der Wahl

Zum Servieren

100 ml Wildblütenhonig

1 TL Kreuzkümmelsamen

leichtes Olivenöl, zum Beträufeln

1 kleine Handvoll Walnusskerne, geröstet und gehackt

Frischkäse, am besten Mozzarella

Chili-Knoblauch-Garnelen

GERÄUCHERTER HONIG

Vielleicht kann sich nicht jeder die Kombination von Honig mit Meeresfrüchten vorstellen. Doch diese saftigen Garnelen in einer salzig-honigsüßen Würze mit einem Hauch von rauchigem Chili und Knoblauch sind die reinste Wonne. Je nach Saison kann man den Schnittlauch durch Bärlauch ersetzen und die Zutaten um Jakobsmuscheln erweitern. Auch Chorizo ist eine schöne Alternative zu Pancetta. Am leckersten schmecken die Garnelen natürlich frisch vom Grill, aber in der Pfanne oder unter dem Backofengrill gelingen sie auch. Da die Garnelen schnell garen, sollte alles andere fertig vorbereitet sein, wenn sie auf dem Grillrost liegen. Das ist entspanntes Kochen – und beim Anbraten der Garnelen genieße ich gern etwas von dem Weißwein zum Ablöschen und höre Jazz von Marlena Shaw. Der Honig scheint die knusprige und salzige Pancetta fast zu kandieren, was göttlich schmeckt. Dazu reiche ich ein Krustenbrot zum Auftunken der Sauce. Manchmal serviere ich die Garnelen auch in Tacos mit Mais, einer Tomatillo-Limetten-Salsa und Koriander – oder pur auf Cocktailspießen.

Die Garnelen in gemahlenen Guajillo-Chilis, Knoblauch und Salz wenden, dann in Frischhaltefolie eingepackt bis zum Braten in den Kühlschrank stellen.

Die Pancetta-, Speck- oder Wurstwürfel in eine kalte Pfanne geben und bei schwacher bis mittlerer Hitze sehr langsam braten, bis das Fett ausgelassen ist und die Würfel knusprig sind. Aus der Pfanne nehmen und auf auf einen Teller mit Küchenpapier geben.

Zum Braten nun die Temperatur erhöhen und Butter und Öl in der Pfanne mit dem Pancettafett schwenken. Die Garnelen aus dem Kühlschrank nehmen und kurz von beiden Seiten im heißen Fett scharf anbraten, dann Petersilie in die Pfanne geben und mit Wein ablöschen. Die Garnelen weitere 1 bis 2 Minuten von jeder Seite braten. Sobald sie rosa werden, Honig und Pancetta in die Pfanne geben und alles zügig unterheben. Sofort servieren.

Für 4 Personen als Vorspeise

200 g geschälte Riesengarnelen, entdarmt

2–3 TL gemahlene Guajillo-Chilischoten, nach Geschmack

1 EL fein gehackter Knoblauch oder Knoblauchpaste

1 Prise Salz

100 g fein gewürfelte Pancetta, Räucherspeck oder Chorizo (würzige span. Rohwurst)

40 g gesalzene Butter

1 EL Olivenöl

2 EL gehackte frische Petersilie

1–2 EL kalter Weißwein

½ EL geräucherter Honig (siehe S. 65)

Seidige Kürbis-Pastasauce oder Kürbissuppe

GERÄUCHERTER HONIG

Als ich anfing, Rezepte für dieses Buch zu schreiben, lud ich meine liebe Freundin Claire zum Essen ein, um sie ein Rezept testen zu lassen, und musste feststellen, dass meine herzhaften Gerichte für sie als Vegetarierin ein wenig ... ja, zu fleischlastig waren. Ich hatte noch ein Stück Hokkaido und Cashewkerne übrig – und die Art fiebriger Kreativität, die man unter Druck oft erlebt. Dieses Gericht ist tatsächlich vegan, was ziemlich erstaunlich ist. Die seidig-cremige Konsistenz kommt durch die Cashewkerne zustande. Am besten schmecken gerillte oder gedrehte Nudeln wie Rigatoni, Fusilli oder Farfalle mit dieser cremige Pastasauce. Aus der Pastasauce wird mit der doppelten Gemüsemenge und einem guten Fond eine geniale Suppe, zu der die gerösteten Pilze auf Seite 66 als Topping passen.

Den Backofen auf 180 °C vorheizen.

Paprikapulver und Zatar in einer Schüssel mit genügend Olivenöl zu einer Würzpaste verrühren. Die Kürbis- und Zwiebelspalten zugeben und rundum mit der Paste benetzen. Die Spalten zusammen mit den Knoblauchzehen auf ein Backblech legen und 20 Minuten im vorgeheizten Ofen rösten, bis der Kürbis weich ist.

Das Blech aus dem Ofen nehmen und auf die Seite stellen. Den Knoblauch aus der Schale drücken und mit Kürbis, Zwiebel, Honig, Cashewkernen, Zitronenschale und -saft, Chiliflocken und Rauchsalz in einen Mixer geben. Etwas Olivenöl zugeben und die Zutaten cremig pürieren. Falls nötig, ein wenig Fond oder Wasser einrühren, bis die Sauce die richtige Konsistenz erhält.

Die Nudeln nach Packungsangabe al dente kochen, dann abgießen und mit der Nudelsauce servieren.

Für 2 Personen

1 geräuchertes Paprikapulver (edelsüß oder rosenscharf, nach Geschmack)

1 TL Zatar (nordafrikan. Gewürzmischung)

natives Olivenöl extra für die Würzpaste und zum Pürieren

¼ Hokkaido-Kürbis, entkernt und in dünne Spalten geschnitten

2 kleine oder 1 große Zwiebel, geschält und geviertelt

2 Knoblauchzehen, ungeschält

1 TL geräucherter Honig (siehe S. 65)

1 Handvoll Cashewkerne

fein abgeriebene Schale von ¼ unbehandelten Zitrone

etwas Zitronensaft

½ TL Chiliflocken, nach Geschmack

1 TL Rauchsalz

Gemüsefond oder Wasser zum Verdünnen, bei Bedarf

200 g Pasta (z. B. Penne rigate, Fusilli oder Rigatoni)

Schnelle Boston Baked Beans

HONIG, DER GERADE ZUR HAND IST

An einem grauen Junitag waren es nur noch fünf kurze Tage bis zur Abgabe des Manuskripts für dieses Buch. Mein Freund absolvierte an diesem Tag seine Zoom-Konferenz im Schlafzimmer, da er sich den Rücken gezerrt hatte. Wir waren beide erschöpft. Ich kochte uns diese Bohnen als schnelles Mittagessen, eine Kurzversion der Boston Baked Beans. Sie waren exakt das, was wir brauchten, um diesem Tag etwas Angenehmes abzugewinnen – süß und rauchig genug für ein herzhaftes Essen, scharf genug, um dem Nachmittag noch Schwung zu verleihen, und fix zubereitet für einen hektischen Tag im Homeoffice.

Ich empfehle beim Einkaufen ab und zu 'Nduja Calabrese im Glas, Chiliflocken, Speck, Pancetta oder Chorizo auf Vorrat mitzunehmen, denn damit lässt sich ein schnelles Mittagessen wunderbar aufpeppen. Mit Toast und Ei erinnern diese Bohnen an ein opulentes Frühstück – vor allem, wenn das eigentliche Frühstück einem schnellen Kaffee und einer dringenden To-do-Liste zum Opfer gefallen ist.

Für 2 Personen, als schnelles Mittagessen

1 Schalotte, geschält und fein gehackt

1–2 EL Pflanzenöl, bei Bedarf mehr

½ TL Knoblauchpaste oder 1 Knoblauchzehe, geschält und fein gehackt

½ TL Paprikapulver edelsüß

¼ TL Fenchelsamen, plus ein paar Samen mehr für das 'Nduja-Öl

¼ TL gemahlener Kreuzkümmel

¼ TL getrockneter Oregano

2 EL 'Nduja (würzige, streichfähige süditalienische Rohwurst) aus dem Glas

1 Dose Baked Beans (ca. 400 g)

½ TL Honig, plus etwas mehr zum Beträufeln

¼ TL English Mustard (scharfer engl. Senf) oder Dijon-Senf

1 Prise Salz

etwas Essig

Die Schalotte mit dem Öl in einem Topf glasig dünsten. (Legt man den Deckel auf, geht es schneller und die Schalotten bräunen nicht so schnell. Sie sollen ja weich werden, nicht braten.) Nach ein paar Minuten den Knoblauch in den Topf geben und 1 bis 2 Minuten dünsten. Die Temperatur leicht erhöhen und Paprikapulver, Fenchelsamen, Kreuzkümmel und Oregano anschwitzen. Falls nötig, ein wenig mehr Öl einträufeln. Sobald die Gewürze duften, die Hälfte 'Nduja einrühren und ein paar Minuten mitgaren, bis sie durchgeweicht ist. Anschließend Bohnen, Honig, Senf und Salz einrühren und mit etwas Wasser verdünnen. Bei schwacher Hitze etwa 10 Minuten köcheln lassen und, falls nötig, noch ein wenig mehr Wasser einrühren.

In der Zwischenzeit Toast und Eier vorbereiten. Das Brot im Toaster rösten und die Eier pochieren. Die Toastscheiben großzügig mit Butter bestreichen (ich liebe es, das Brot zusätzlich mit etwas Marmite zu bestreichen).

Die restliche 'Nduja mit ein paar Fenchelsamen in eine kleine Pfanne geben, mit Honig beträufeln und sanft erhitzen.

Den Essig in die Bohnen rühren, dann die Bohnen auf die Toastbrote verteilen, je ein Ei daraufsetzen. Zum Schluss mit ein wenig 'Nduja-Fenchel-Öl aus der Pfanne beträufeln und servieren.

Zum Servieren

2 Scheiben Brot

2 frische Eier

Butter, zum Bestreichen

Marmite (engl. Würzpasten-Marke), nach Belieben

Hähnchenflügel mit scharfer Aprikosenmarinade

SELBST GERÄUCHERTER HONIG

Würde der Name »Honey & Spice« nicht schon über der Tür von Londons nettestem Ladenbesitzerduo prangen, dann wäre es ein guter Titel für dieses Buch gewesen, denn ich liebe scharfes Essen und die magische Verbindung von Schärfe und Honigsüße. Die koreanische Gochujang-Paste ist scharf und salzig. Sie wird durch den geräucherten Honig und die Fruchtsäure und Süße der Aprikosen perfekt abgemildert und ergibt einen unkomplizierten und leckeren Snack, der genauso gut zu Blumenkohl passt wie zu Hähnchen. Man kann den Tepache auf Seite 231 mit Aprikosen statt Pfirsichen zubereiten und die übrigen Aprikosenhälften hierfür verwenden. Das Fleisch sollte nach Möglichkeit 6 bis 8 Stunden marinieren. Aber selbst wenn man es sofort mit der Aprikosenmarinade serviert, weil die nötige Zeit zum Marinieren fehlt, schmeckt es köstlich.

Für 4 Personen

8 frische Aprikosen

3 EL Gochujang-Paste (scharfe, fermentierte korean. Gewürzpaste) oder etwas mehr nach Geschmack

2 TL Reisessig

3 EL geräucherter Honig (siehe S. 65)

2 EL geröstetes Sesamöl

etwas dunkle Sojasauce

1 Bund Frühlingszwiebeln, geputzt und das Weiße quer in dünne Ringe geschnitten

1 kg Hähnchenflügel

Sesamsamen, zum Garnieren

Die Aprikosen entsteinen, klein hacken und mit etwas Wasser in einen Topf geben. Bei schwacher Hitze 10 bis 20 Minuten zugedeckt köcheln lassen, bis das Fruchtfleisch weich ist. Gelegentlich umrühren.

Die weichen Aprikosen mit einem Kartoffelstampfer oder Kochlöffel zu einem Mus zerdrücken. Gochujang und Reisessig zugeben und gründlich mit dem Fruchtmus verrühren. Die Mischung ohne Deckel weitere 5 bis 10 Minuten köcheln lassen. Dabei weiterrühren und das Fruchtfleisch zerdrücken, bis keine großen Stücke mehr übrig sind und die Sauce andickt.

Honig und Sesamöl einträufeln und gründlich einrühren, dann die Sojasauce zugeben und einrühren. Den Topf vom Herd nehmen und die Frühlingszwiebelringe in die Marinade rühren.

Die Hähnchenflügel in der Aprikosenmarinade wenden, bis sie rundum benetzt sind. Die restliche Marinade beiseitestellen. Das Fleisch in einen verschlossenen Behälter geben und 6 bis 8 Stunden im Kühlschrank marinieren (oder auch nicht, wenn die Zeit knapp ist).

Etwa 45 Minuten vor dem Essen den Backofen auf 230 °C vorheizen.

Die marinierten Hähnchenflügel auf einem Backblech oder in einer großen Auflaufform verteilen und im vorgeheizten Ofen 30 Minuten garen. Dabei mehrmals mit der herabtropfenden Marinade übergießen.

Sobald die Flügel gar und köstlich glasiert sind, das Backblech aus dem Ofen nehmen. Das Fleisch nochmals in der restlichen Marinade wenden, mit Sesam bestreuen und heiß servieren. Ein kaltes Bier oder ein gekühlter Pet Nat (Pétillant Naturel) passen hervorragend dazu.

Tacos mit Jackfruit und Blumenkohl in Annatto-Marinade

YUKATÁNHONIG

Die Annato-Marinade in diesem Rezept geht auf ein traditionelles Gericht namens Cochinita Pibil der Yucatec-Maya von der mexikanischen Halbinsel Yucatán zurück, in dem die Marinade für das Schweinefleisch ebenfalls Bitterorangensaft enthält. Es überrascht kaum, dass Yukatánhonig hervorragend dazupasst, denn er steuert Süße, blumige Säure und eine karamellartige Konsistenz bei. Blumenkohl und frittierte Jackfruit treten in dieser vegetarischen Version von Cochinita Pibil gekonnt an die Stelle von knusprigem Schweinefleisch. Da Blumenkohl in der Größe variiert, ist manchmal auch eine zweite Dose Jackfruit nötig, um ein harmonisches Mengenverhältnis zu wahren. Dann muss man auch die Mengen der anderen Marinadezutaten entsprechend erhöhen.

Zuerst die Marinade zubereiten. Dazu Annato-Paste und Pflanzenöl in einem Mörser zu einer dünnen Paste verrühren. Den Knoblauch hineinreiben, dann Cayennepfeffer, Kreuzkümmel, Oregano und Meersalz zugeben und alles mit dem Stößel zu einer geschmeidigen Creme verarbeiten.

Zum Frittieren die abgetropften Jackfruitstücke mit Küchenpapier trocken tupfen und jeweils halbieren. Einen großen Topf 2,5 Zentimeter hoch mit Öl füllen. Das Öl langsam stark erhitzen und darin die Jackfruitstücke portionsweise ausbacken, bis sie goldbraun und knusprig sind. Herausheben und auf Küchenpapier abtropfen lassen.

Den Blumenkohl in einzelne Röschen zerteilen, die etwa die Größe kleiner Champignons haben. Zusammen mit der Jackfruit in einer großen Schüssel mit der Marinade übergießen, gründlich unterheben und 4 bis 8 Stunden marinieren.

Den Backofen auf 200 °C vorheizen.

Blumenkohl und Jackfruit in einer Lage mit genügend Abstand auf einem oder zwei Backblechen verteilen. Mit etwas Öl beträufeln und 20 bis 30 Minuten im vorgeheizten Ofen braun und knusprig rösten.

In der Zwischenzeit die Toppings vorbereiten und bereitstellen. Die Tortillas in einer heißen, trockenen Pfanne rösten, bis sie duften und leicht gebräunt sind. Die heißen Tortillas in zwei saubere Küchentücher einschlagen, damit sie warm und biegsam bleiben.

Den sauren Zitrussaft und den Honig in einer Schale vermischen. Das Gemüse aus dem Ofen holen, mit der Zitrus-Honig-Mischung beträufeln und sofort mit den warmen Tortillas und den zum Servieren vorgeschlagenen Taco-Toppings servieren.

Für 2 Personen
(4 Tacos pro Person)

1 Dose Jackfruit in Salzlake (400 g), gut abgetropft

Pflanzenöl, zum Braten

1 mittelgroßer Blumenkohl, geputzt

2 EL saurer Zitrussaft (z. B. Limetten-, Grapefruit- oder Bitterorangensaft)

2 EL Yukatánhonig

Für die Marinade

2 EL Annatto-Paste (mexikan. Würzpaste)

2 EL Pflanzenöl

3 Knoblauchzehen, geschält

1 TL Cayennepfeffer

1 TL gemahlener Kreuzkümmel

2 TL getrockneter Mexikanischer Oregano, gerebelt

½ TL grobes Meersalz

Zum Servieren

8 kleine Maistortillas

Guacamole

eingelegte Jalapeños

Sour Cream, ersatzweise Schmand, Créme fraîche oder Sahnejoghurt

Tajín (mexikan. Gewürzmischung)

frische Korianderblättchen

Tacos mit süß-scharfem Honig-Chipotle-Lamm

TUPELOHONIG

Ich liebe Tacos, und an der mexikanischen Küche schätze ich besonders, dass ihre Zutaten so unaufgeregt für intensiven Geschmack, appetitliche Farben und ein beeindruckendes Aromenspiel sorgen. Der Apfelessig in meinem Rezept macht das Fleisch noch zarter, ähnlich wie der Zitrussaft in meiner vegetarischen Version der mexikanischen Cochinita Pibil auf Seite 100. Das Fleisch sollte mindestens über Nacht im Kühlschrank marinieren. Man schmeckt es!

Die Trockenzutaten für die Marinade in einem Mörser vermengen, dann mit dem Stößel Knoblauch und die beiden Gewürzpasten gründlich einarbeiten und anschließend mit dem Essig verdünnen. Die Fleischstücke rundum mit der Marinade einreiben. Dann das Fleisch abdecken und 8 bis 24 Stunden zum Marinieren in den Kühlschrank stellen.

Den Backofen auf 160 °C vorheizen.

Die Zwiebelscheiben auf dem Boden einer Auflaufform verteilen und das marinierte Fleisch darauf verteilen. Die Auflaufform mit Alufolie verschließen und 2 Stunden im vorgeheizten Ofen rösten.

Die Chipotle-Paste mit Honig und Öl in einer Schüssel verrühren. Das Fleisch aus dem Ofen nehmen und vorsichtig, sodass es nicht zerfällt, mit dem Chili-Honig-Öl rundum benetzen. Dann die Auflaufform ohne Folie weitere 10 bis 15 Minuten in den Ofen geben, bis das Fleisch gebräunt ist und wunderbar duftet.

In der Zwischenzeit die Tortillas in einer heißen, trockenen Pfanne erhitzen, bis sie duften und leicht bräunen. Die Tortillas bis zum Servieren in saubere Küchentücher einschlagen, damit sie warm und biegsam bleiben.

Fleisch und Zwiebeln in der Form vermischen, sodass die mürben Fleischstücke auseinanderfallen. Mit dem Limettensaft beträufeln und mit den Tortillas und den zum Servieren vorgeschlagenen Toppings servieren.

RADIESCHEN-PICKLES

Ein Bund knackig-frische Radieschen putzen und mit dem Gemüsehobel in dünne Scheiben schneiden. Essig und Zucker zu gleichen Teilen verrühren, die Radieschen damit bedecken und 30 Minuten bis 1 Stunde im Kühlschrank ziehen lassen.

Für 4 Personen
(4 Tacos pro Person)

750 g entbeinte Lammkeule, in große Stücke geschnitten

1 Zwiebel, geschält und in Scheiben geschnitten

2 TL Chipotle-Paste (Würzpaste aus geräucherten mexikan. Jalapeño-Chilis)

2 EL Tupelohonig

2 EL Pflanzenöl

½ Limette

Für die Marinade

1 TL Koriandersamen, geröstet

1 TL Kreuzkümmelsamen, geröstet

2 TL getrockneter Mexikanischer Oregano

1 TL Salz

4 Knoblauchzehen, geschält

2½ EL Chipotle-Paste (Würzpaste aus geräucherten mexikan. Jalapeño-Chilis)

2 TL Annatto-Paste (mexikan. Würzpaste)

100 ml Apfelessig

Zum Servieren

16 kleine Maistortillas

Guacamole oder Avocadospalten

frische Korianderblättchen

fein gehackte weiße Zwiebel

Radieschen-Pickles

Tajin (mexikan. Gewürzmischung)

KAPITEL 3

Haupt-
gerichte

106	Gerösteter Kürbis mit Palmkohl, Burrata, eingelegten Pilzen und Röstzwiebeln	122	Rippchen mit Pflaumenmarinade und Limetten-Krautsalat
109	Rote Bete mit Cavolo nero, Paprika, Haselnüssen und Dill	126	Honig-Limetten-Hähnchen mit Kartoffeln und Mais
110	Parched Peas mit geröstetem Fenchel, Knoblauch-Kartoffelstampf und eingelegtem Pfeffer	129	Rindfleisch-Auberginen-Curry
		130	Biryani mit Fleisch vom Zicklein, Jackfruit und Limetten
113	Lammkoteletts mit würzigem Couscous-Bulgur, Granatapfel und Sherryessig	132	Würzige Haxe vom Zicklein mit Salzzitronen
116	Lachs Saikyo-yaki	136	Rot geschmorter Schweinebauch mit Honig
119	Geräucherte Entenbrust mit Gurke und chinesischen Nudeln		

Gerösteter Kürbis mit Palmkohl, Burrata, eingelegten Pilzen und Röstzwiebeln

THYMIANHONIG

Dieses nahrhafte und sättigende Essen für Wochentage zaubert jedem ein Lächeln aufs Gesicht. Es ist einfach, aber originell genug, um auch Gäste am Wochenende zu beeindrucken. Wer den Aufwand unter der Woche scheut, kann die Zwiebeln im Voraus portionsweise rösten – und hat so einen Vorrat an Röstzwiebeln parat, die zu vielen Gerichten passen! Die Schnellen marinierten Pilze (siehe S. 66) sind eine gelungene Ergänzung zum Kürbis. Ihr erdiger, säuerlicher Geschmack ist köstlich, und im Kühlschrank halten sie sich ein bis zwei Wochen.

Den Backofen auf 180 °C vorheizen.

Den Kürbis waschen, halbieren und Fasern und Kerne herauslöffeln.

Die Kreuzkümmel- und Fenchelsamen in einem Mörser leicht zerstoßen, dann mit Olivenöl, Rauchsalz und Honig zu einer Würzpaste vermengen. Die Schale und die Schnittseiten des Kürbis mit der Paste einreiben, die Stücke auf ein Backblech legen und im vorgeheizten Ofen 30 Minuten rösten.

In der Zwischenzeit für die Röstzwiebeln eine Pfanne mit hohem Rand mit Pflanzenfett füllen (ca. 2,5 cm hoch) und das Pflanzenöl zum Frittieren langsam stark erhitzen. Einen mit Küchenpapier ausgelegten Gitterrost bereitstellen. Die Zwiebelringe in das Öl geben (am besten portionsweise) und hellgolden ausbacken. Achtung: Die Ringe sollten nicht zu dunkel werden. Die Zwiebelstücke aus der Pfanne heben und auf dem Gitterrost abtropfen lassen.

Die Kohlblätter waschen, trocken tupfen und den dicksten Teil der Blattrippen entfernen. Die Blätter in breite Streifen schneiden und in einer Schüssel mit Zitronensaft, Olivenöl und Meersalz vermischen. Das Dressing mit den Händen in die Blätter einreiben, bis sie glänzen und weicher sind. Bis zum Servieren in den Kühlschrank stellen.

Den weich gegarten Kürbis (ein Buttermesser sollte sich ohne Widerstand ins Fleisch stechen lassen) aus dem Ofen nehmen und etwa 1 Minute abkühlen lassen.

Den Kohl auf einer Servierplatte anrichten und mit den gerösteten Nüssen bestreuen. Den Kürbis darauf anrichten und die Burrata daraufsetzen. Die Pilze (falls verwendet) mit einem Löffel auf die Burrata geben. Zum Schluss alles mit Öl beträufeln, mit schwarzem Pfeffer würzen und mit den gerösteten Zwiebeln bestreut servieren.

Für 2 Personen

1 kleiner Kürbis (ca. 650 g), am besten mit essbarer Schale, wie Hokkaido, Butternut oder Delicata

1 TL Kreuzkümmelsamen

2 TL Fenchelsamen

4 EL Olivenöl

1 TL grobes Rauchsalz

1 EL Thymianhonig

Pflanzenöl, zum Frittieren

1 kleine Zwiebel, geschält und in feine Ringe geschnitten

6 große Blätter Palmkohl (Cavolo nero)

Saft von ½ Zitrone

2 EL natives Olivenöl extra, plus etwas mehr zum Beträufeln

1 großzügige Prise grobes Meersalz

1 kleine Handvoll geröstete Haselnusskerne, fein gehackt

1 kleine Burrata, abgetropft

1 Portion Schnelle marinierte Pilze (siehe S. 66), nach Belieben

zerstoßener schwarzer Pfeffer

Rote Bete mit Cavolo nero, Paprika, Haselnüssen und Dill

YUKATÁNHONIG

Es ist noch nicht lange her, da schwärmten »alle« für rohen Kohl, kneteten und walkten Kohlblätter für »Clean Eating« und »Green Goddess Bowls«. Mir klang das zu sehr nach neuestem Hype. Da ich Cavolo nero sehr gern mag, habe ich ihn probeweise auf diese hippe Weise zubereitet – und war positiv überrascht. Die spröden Blätter mit ihrer wachsartigen Haut (botan. Cuticula) werden schon nach kurzem Durchkneten mit Olivenöl, Meersalz und Zitronensaft zart. Der rohe Kohl verliert seine zähe Konsistenz, die sich beim Kauen ein wenig wie Plastik anfühlt, und verwandelt sich in einen aromatischen Salat mit Biss. Wer die etwas ledrige Haut der Roten Bete nicht mag, kann bereits geschälte und vorgekochte Rote-Bete-Knollen verwenden, die vakuumverpackt angeboten werden.

Für 4 Personen

500 g Rote Bete, nach Belieben bereits geschält, vorgegart und in der Vakuumverpackung aus dem Handel

etwas Sonnenblumenöl, zum Einreiben der Beten

grobes Meersalz

250 g griechischer Joghurt

½ Knoblauchzehe, geschält und gerieben

natives Olivenöl extra

1 Bund frischer Dill, fein gehackt

frisch gemahlener schwarzer Pfeffer

1 Handvoll Cavolo nero (Palmkohl), geputzt

Saft von ½ Zitrone, plus etwas zum Marinieren der Paprika

100 g Haselnusskerne, grob gehackt

2 rote Spitzpaprika

2 EL Yukatánhonig

2 EL Harissapaste (scharfe arab. Würzpaste), nach Belieben

½ TL gemahlener Zimt

Den Backofen auf 180 °C vorheizen.

Die Roten Beten mit ein wenig Sonnenblumenöl und Salz einreiben, auf ein Backblech legen und im vorgeheizten Ofen 25 Minuten rösten.

In der Zwischenzeit den Joghurt in einer Schüssel mit Knoblauch, etwas Olivenöl, etwas Dill sowie Salz und Pfeffer zu einer Paste vermengen und in den Kühlschrank stellen.

Die harten Blattrippen der Kohlblätter herausschneiden und die Blätter diagonal in lange Streifen schneiden. In einer Schüssel mit etwas Olivenöl, Salz und Zitronensaft vermischen und das Dressing mit den Händen etwa 1 Minute in die Blätter kneten, bis sie weich und glänzend sind. Bis zum Servieren abgedeckt in den Kühlschrank stellen.

Die Haselnusskerne in einer heißen, trockenen Pfanne rösten, bis sie duften, dann beiseitestellen. Die Paprikaschoten über offener Flamme (bei Gasherden) oder in einer sehr heißen, trockenen Pfanne rundum schwärzen, dann entweder mit einem Teller abdecken, um sie weiter gar ziehen zu lassen, oder offen ausdampfen lassen, damit sie etwas Biss erhalten. Stiele samt Kernen nach Wunsch entfernen (ich lasse die Schoten, wie sie sind). Die abgekühlte Paprika in einer Schüssel mit dem restlichen Dill, 1 Prise Salz, etwas Zitronensaft und Olivenöl vermischen und beiseitstellen.

Den Honig mit Harissa (falls verwendet), Zimt und etwas Olivenöl verrühren. Die Roten Beten aus dem Ofen nehmen und in Spalten schneiden. Dann erneut auf das Blech legen, rundum mit der Honigpaste benetzen und weitere 10 Minuten im Ofen rösten, bis die Spalten zart und an den Rändern leicht knusprig sind. Rote-Beete-Spalten, Paprika und gekühlten Cavolo nero auf einer Servierplatte anrichten. Mit den Haselnüssen bestreuen und mit dem Joghurtdip beträufeln.

Parched Peas mit geröstetem Fenchel, Knoblauch-Kartoffelstampf und eingelegtem Pfeffer

ACKERBOHNENHONIG

Ein opulentes Gericht, das sich ideal als Wohlfühlessen an kalten Abenden eignet. Die »Parched Peas« (auch »Black Peas« oder »Lancashire Black Peas«) sind eine nordenglische Spezialität aus Carlin Peas (Ackererbsen), die mit Essig beträufelt serviert werden. Puy-Linsen sind zwar ein guter Ersatz, aber ich empfehle, online nach dem Original zu suchen, denn Carlin Peas sind etwa so groß und fleischig wie Kichererbsen und haben selbst nach einer langen Garzeit noch ein wenig Biss. Die getrockneten Erbsen müssen jedoch vor dem Kochen mindestens zwölf Stunden eingeweicht werden – am besten über Nacht.

Etwas Essig oder Zitronensaft kurz vor dem Servieren geben jedem herzhaften Eintopf den letzten Schliff und lassen seine Aromen wieder aufleben, egal wie lange er vor sich hin gekocht hat. Wer Fleisch dazu essen möchte, gibt Pancetta zu den Erbsen oder serviert dazu Schweinekoteletts mit Fenchelsamenkruste.

Fenchel kommt viel zu selten geröstet auf den Teller, obwohl er doch butterweich und aromatisch wird. Die Idee des Kartoffelstampfs mit grünem Pfeffer habe ich bei einem Testessen von Gill Meller für sein Kochbuch »Time – A Year and a Day in the Kitchen« (2018) kennengelernt. Gill servierte hier eine große Cumberland-Sausage auf einem köstlichen Kartoffelstampf mit Pfefferkörnern. Wer zu den Parched Peas noch etwas Grünes benötigt, dünstet Blattgemüse an und schwenkt es in Butter und Apfelessig.

Für 2 Personen, plus 1 Portion für den nächsten Tag

400 g braune getrocknete Carlin Peas (Palerbsen), über Nacht eingeweicht, ersatzweise Puy-Linsen

2 Karotten, geputzt und fein gewürfelt

etwas Pflanzenöl oder Butter

2 Schalotten, geschält und in dünne Ringe geschnitten

2 Knoblauchzehen, zerdrückt

1 TL gemahlene Chipotle (geräucherte mexikan. Jalapeño-Chilischote)

1 TL Paprikapulver

½ TL Selleriesalz

½ TL fein gehackte frische Chilischote

1 TL Ackerbohnenhonig

1 Stück gesalzene Butter

1 großzügige Portion Malzessig (Malt Vinegar, z. B. der engl. Marke Sarson's)

1 Handvoll fein gehackte Petersilie, zum Servieren

Kurz vor Ende der Einweichzeit der Erbsen die klein geschnittenen Fenchelstiele zusammen mit den Karottenwürfeln in einen großen Topf geben und in etwas Olivenöl oder Butter anbraten. Schalotten und Knoblauch zugeben, einrühren und ein paar Minuten glasig dünsten. Die gemahlene Chipotle-Chili, Paprikapulver und Selleriesalz einrühren und bei mittlerer Hitze rühren.

Die Erbsen in ein Sieb abgießen und abtropfen lassen. Erbsen oder Puy-Linsen mit 700 Milliliter in den Topf geben und einrühren. Den Topf zudecken und den Eintopf 1 bis 2 Stunden unter gelegentlichem Rühren köcheln lassen, bis die Erbsen gar sind. Vom Herd nehmen und zugedeckt 10 Minuten ziehen lassen.

Während der Eintopf kocht, den Backofen auf 180 °C vorheizen.

Fortsetzung Seite 112

Die Fenchelknolle längs halbieren und jede Hälfte mit der Schnittseite nach unten auf ein quadratisches Stück Alufolie (ca. 30 cm Seitenlänge) legen. Jede Hälfte großzügig mit Butter belegen, je zwei Zweige Thymian und etwas Pfeffer dazugeben und die Hälften in die Folie einwickeln und in eine kleine Auflaufform legen.

Die Knoblauchknolle für den Stampf oben horizontal aufschneiden, mit ein wenig Olivenöl beträufeln, ebenfalls in Alufolie einschlagen und mit in die Auflaufform legen.

Fenchel und Knoblauch im vorgeheizten Ofen 45 Minuten backen, bis sie weich sind. Aus dem Ofen nehmen und den Knoblauch beiseitestellen. Die Ofentemperatur auf 220 °C erhöhen.

Die Folienpakete mit den Fenchelstücken öffnen, die Schnittflächen mit dem mit Knoblauch fermentierten Honig bestreichen und anschließend den Fenchel im geöffneten Folienpaket erneut in den Ofen geben, bis die Schnittflächen goldbraun und knusprig sind.

Für den Stampf die Kartoffeln in reichlich Wasser weich kochen, in ein Sieb abgießen und in eine große Schüssel geben. Die Kartoffeln mit einem Stampfer oder in einer Kartoffelpresse zerdrücken, dann Honig, Butter, Parmesan und Pfefferkörner zugeben und einrühren. Den gerösteten Knoblauch aus der Schale drücken und unter den Stampf rühren.

Zum Schluss die gehackte frische Chili, Ackerbohnenhonig, Butter und Malt Vinegar in den Erbseneintopf rühren. Einen großen Löffel Erbseneintopf neben dem Stampf und dem gerösteten Fenchel auf dem Teller anrichten und mit reichlich Petersilie bestreut servieren.

Für den Fenchel

1 Knolle Fenchel, geputzt, die Stiele klein geschnitten, die Knolle ganz belassen

1 Stück gesalzene Butter

4 Zweige Thymian

frisch gemahlener schwarzer Pfeffer

1 EL mit Knoblauch fermentierter Honig (siehe S. 62)

Für den Kartoffelstampf

1 frische Knolle Knoblauch

Olivenöl, zum Beträufeln

500 g mehligkochende Kartoffeln (z. B. Bintje, Ackersegen oder die engl. Sorte Maris Piper), geschält

1 TL mit Knoblauch fermentierter Honig (siehe S. 62)

75 g Parmesan, gerieben

100 g gesalzene Butter

1 EL grüne Pfefferkörner aus dem Glas (in Salzlake), abgetropft

Lammkoteletts mit würzigem Couscous-Bulgur, Granatapfel und Sherryessig

ORANGENBLÜTENHONIG

Ich liebe Lammkoteletts. Mit Lammkoteletts (oder Chops) meine ich Rippenkoteletts (und nicht die fleischigeren Lendenkoteletts) mit extrazartem Fleisch und praktischen Knochenstielen, mit denen man sie in Sauce dippen kann. Gut ausgelassen ist Lammfleisch einfach köstlich, und mit der richtigen Würze verführerisch wie kaum ein anderes Fleisch. Der würzige Couscous-Bulgur ist eine Art Taboulé aus Riesen-Couscous (Maftoul) und Bulgur, aber handelsübliches Couscous funktioniert anstelle von Maftoul genauso gut. Auf die frische Minze kann man Couscous-Bulgur nicht verzichten, Granatapfel und orientalische Gewürze sind dagegen eher eine prickelnde Ergänzung. Was die Aromen aber erst so richtig abrundet, sind der Sherryessig, der Knoblauch-Joghurt-Dip, der einen köstlichen Kontrast liefert – und (natürlich) der Orangenblütenhonig.

Zuerst das Lamm marinieren. Dazu die Zutaten der Trockenmarinade in einer kleinen Schüssel gründlich vermengen und die Koteletts rundum damit bedecken. Die Marinade kräftig einreiben und das Fleisch danach möglichst 4 bis 8 Stunden im Kühlschrank marinieren (ich lasse das Fleisch aber oft nur so lange in der Marinade, bis ich die Glasur und den Joghurtdip fertig angerührt habe und die Pfanne erhitzt ist).

Für den Joghurtdip den Knoblauch in den Joghurt oder Labneh reiben und mit einer großzügigen Prise Meersalz und etwas frisch gemahlenem schwarzem Pfeffer würzen. Olivenöl und Zitronensaft gründlich einrühren. Den Dip bis zur Verwendung in den Kühlschrank stellen.

Einen großen Topf bei mittlerer Hitze heiß werden lassen und etwas Olivenöl hineingeben. Den Riesen-Couscous und den Bulgur zugeben und im heißen Öl schwenken und rösten, bis sie anfangen zu duften. Mit 650 Milliliter Wasser übergießen und 1 Teelöffel Meersalz einstreuen, dann aufkochen und 5 bis 10 Minuten köcheln lassen, bis das Getreide al dente ist. Das Getreide in ein Sieb abgießen und in eine Salatschüssel geben. Mit Olivenöl und Pul Biber würzen.

Die Petersilien- und Minzeblätter grob zupfen und mit den Granatapfelkernen zum Couscous-Bulgur geben. Mit den Fingern oder einer Gabel vorsichtig unter das Getreide heben.

Die rote Zwiebel nochmals halbieren und die Schnittflächen in einer heißen, trockenen Pfanne kräftig anrösten.

Fortsetzung Seite 115

Für 2 Personen

4 Lammkoteletts

Für die Trockenmarinade

½ TL Kreuzkümmelsamen, geröstet

½ TL getrocknete Minze

½ TL Sumach

1 TL neutrales Öl

½ TL grobes Meersalz

¼ TL zerstoßener schwarzer Pfeffer

Für den Joghurtdip

2 Knoblauchzehen, geschält

300 g griechischer Joghurt oder Labneh (liban.Frischkäse)

Meersalz

frisch gemahlener schwarzer Pfeffer

1 EL natives Olivenöl extra

etwas Zitronensaft

Für den Couscous-Bulgur

Olivenöl, zum Braten

100 g Riesen-Couscous (Maftoul)

100 g Bulgur

Meersalz

50 ml natives Olivenöl extra

1 große Prise Pul Biber (türk. Paprikaflocken)

20 g frische Petersilienblätter

20 g frische Minzeblätter

Kerne von ½ Granatapfel

½ rote Zwiebel, geschält

Die Zutaten für die Glasur in einer Schüssel gründlich miteinander verrühren und dann beiseitestellen.

Eine Pfanne bei mittlerer bis starker Hitze vorheizen. Dann das Lammfleisch mit der Fettschicht nach unten in die Pfanne setzen (am besten dabei das Stück mit einer Küchenzange festhalten), um das Fett gründlich auszulassen. Das dauert ein paar Minuten. Die Koteletts dann von jeder Seite etwa 1 Minute scharf anbraten. Das Fleisch sollte innen noch rosa sein, also nicht zu lange braten. Das Fleisch aus der Pfanne nehmen und auf einem Schneidebrett oder Teller ruhen lassen, bis alles angerichtet ist.

Jeweils etwas von dem Couscous-Bulgur und dem Joghurtdip auf die Teller geben, dann die Koteletts in der Glasur wenden und darauf anrichten. Die rote geröstete Zwiebel dazugeben und die restliche Glasur darübergießen und servieren.

Für die Glasur
1 EL Olivenöl
1 EL Granatapfelsirup
1 EL Orangenblütenhonig
2 TL Sherryessig

Lachs Saikyo-yaki

STRANDFLIEDERHONIG

Saikyo-yaki ist eine japanische Zubereitung, bei der Fisch mehrere Tage in Sake, Mirin oder süßer Saikyo-Miso aus Kyoto mariniert wird, was ihn butterzart werden lässt. So zubereiteter Black Cod ist derzeit ein beliebtes Gericht in den teuren Restaurants von London. Das Gericht ist erstaunlich einfach zuzubereiten. Mirin ist extrem süß, daher habe ich hier die Hälfte mit Honig ersetzt. Lachs ist, genau wie Königsmakrele und andere Fettfische, eine großartige und häufig genutzte Alternative zu Black Cod. Saikyo-Miso hat einen süßlichen, ganz besonderen Geschmack. Man kann stattdessen auch einfache weiße Miso-Paste mit Honig verwenden, sollte dann aber bei beiden Ersatzzutaten die Menge verdoppeln, um die fehlende Süße auszugleichen. Zu den Vorbereitungen für dieses Gericht gehört, dass der Fisch 2 bis 3 Tage mariniert. Das muss man bei der Planung miteinbeziehen.

Für 2 Personen

2 Lachsfilets (möglichst frisch) mit Haut, ohne Schuppen

grobes Meersalz

3 EL Sake (jap. Reiswein)

4 EL Saikyo (süße) Miso-Paste

1 EL Mirin (süßer jap. Reiswein)

1 TL Strandfliederhonig

Pflanzenöl, zum Einfetten

Die Lachsfilets rundum leicht mit grobem Meersalz bedecken und 30 Minuten beiseitestellen (das Salz entzieht dem Fisch Feuchtigkeit und lässt das Fleisch fester werden). Dann das Salz von den Filets mit 2 Esslöffeln Sake abspülen.

Die süße Miso-Paste in einer Schale gründlich mit Mirin, Honig und dem restlichen Sake verquirlen.

Den Lachs zum Marinieren rundum mit der Miso-Honig-Mischung bedecken und in einen verschließbaren Behälter geben (ich schlage dazu die Filets einzeln in Frischhaltefolie ein, statt sie in eine Schüssel oder Schale zu legen). Im Kühlschrank 2 bis 3 Tage marinieren.

Etwa eine Stunde vor dem Essen den Backofen auf 200 °C vorheizen.

Eine ofenfeste Pfanne stark erhitzen. Die Filets aus der Marinade nehmen und die überschüssige Marinade abtropfen lassen. Die Pfanne leicht ölen und die Filets mit der Hautseite nach oben ins Öl legen. Die Unterseite wird innerhalb weniger Sekunden bräunen und schwärzen. Die Filets dann wenden und auf der Hautseite braten. Anschließend den Fisch in eine Auflaufform legen und im vorgeheizten Ofen etwa 10 Minuten backen, bis er zart durchgegart ist.

Die Lachsfilets mit Klebreis, gedünstetem Blattgemüse oder auch einem Taco und Sour Cream, frischen japanischen Shisoblättern (Perilla) und Radieschen-Pickles (siehe S. 103) servieren.

Geräucherte Entenbrust mit Gurke und chinesischen Nudeln

DISTELHONIG

Dieses pikante Gericht hat reichlich Geschmack und Zutaten, die die Zubereitung ebenso spannend machen wie das Essen. Die Nudeln, die zur Entenbrust gereicht werden sind »geschleuderte Nudeln« (Biangbiang-Nudeln) aus der Provinz Shaanxi im Nordwesten Chinas. Der seltsame Name resultiert aus dem Geräusch, das der Teig erzeugt, wenn er bei der speziellen Zugtechnik auf die Arbeitsfläche schnalzt. Das traditionelle chinesische Schriftzeichen für die Nudeln ist mit 58 Pinselstrichen eines der komplexesten seiner Art. Glücklicherweise sind die Nudeln selbst einfacher zuzubereiten, als das Schriftzeichen zu schreiben ist. Geräucherte Ente mit Szechuan-Pfefferkörnern und einer köstlichen Zitrusnote ist eines meiner Lieblingsgerichte in meinem lokalen Chinarestaurant. Ich reiche zur Entenbrust mit den »geschleuderten« Nudeln einen Sesam-Gurkensalat. Die Sesampaste ist zwar im Handel fertig erhältlich – aber bitte (!) nicht mit der arabischen Tahina-Paste aus Sesam ersetzen, denn sie schmeckt ganz anders.

Die Entenbrüste sorgfältig trocken tupfen und die Hautseite mit einem sehr scharfen Messerchen kreuzweise fein einschneiden.

Szechuan-Pfeffer, Sesam und Kreuzkümmel in einer heißen, trockenen Pfanne rösten, bis sie duften, dann im Mörser leicht zerstoßen und mit den restlichen Zutaten für die Trockenmarinade vermengen. Die Entenbrüste rundum mit der Gewürzmischung einreiben, auf einen mit Küchenpapier ausgelegten Teller legen, abdecken und mindestens 30 Minuten oder besser 4 Stunden im Kühlschrank marinieren.

In der Zwischenzeit die Nudeln zubereiten. Dazu das Mehl mit 125 Milliliter Wasser und Salz in einer Schüssel zu einem Teig vermengen. Den Teig mit den Händen kneten, bis er geschmeidig ist und zurückfedert. Die Teigkugel in acht gleich große Stücke schneiden (für acht Riesennudeln) und ein paar Minuten weiterkneten. Die Stücke oval formen, mit Öl bestreichen und auf einen Teller legen. Zugedeckt 1 Stunde gehen lassen, damit das Gluten sich entwickelt. Die Nudeln werden in letzter Sekunde gekocht, während das gegarte Fleisch ruht.

In der Zwischenzeit den Gurkensalat zubereiten. Die Gurke längs halbieren und die Samen herausschaben. Die Gurkenhälften mit der Schnittfläche nach unten legen und mit dem Nudelholz leicht daraufschlagen (nicht zu Brei schlagen), bis sie sich längs in mehrere Stücke teilen. Dann in dünne Streifen (ca. 2 cm breit) schneiden, in ein Sieb geben und mit Salz und Zucker würzen. Die Gurkenstücke im Sieb über eine Schüssel hängen und 30 Minuten abtropfen lassen.

Fortsetzung Seite 120

Für 2 Personen

2 Entenbrustfilets, mit Haut

1 EL dunkler Distelhonig

Für die Trockenmarinade

1½ TL Szechuan-Pfefferkörner

¾ TL Sesamsamen

¾ TL Kreuzkümmelsamen

1 TL Gochugaru-Flocken (grobes korean. Chilipulver)

1 Prise gemahlener Ingwer

je 1 Prise grobes Meersalz und zerstoßener schwarzer Pfeffer

Für die Nudeln

250 g Weizenmehl Type 550 oder Type 812

1 große Prise feines Meersalz

neutrales Öl, zum Bestreichen

Für den Gurkensalat

½ Salatgurke

je 1 Prise Salz und Kristallzucker

2 EL Sesamsamen

1 EL geröstetes Sesamöl

½ TL Chiliöl

je 1 Spritzer dunkle und helle Sojasauce

½ TL Reisessig

¾ TL Honig

1 Knoblauchzehe, geschält und gerieben

Außerdem

1 Küchenthermometer

Die Sesamsamen in der heißen, trockenen Pfanne rösten, bis sie duften, dann im Mörser zu einer Paste zermahlen. Die Paste in eine Schüssel geben, die restlichen Zutaten für den Gurkensalat dazugeben und das Dressing gründlich verrühren. Die abgetropften Gurkenstücke kurz unter fließendem Wasser abspülen, trocken tupfen und darunterheben, dann zugedeckt mindestens 30 Minuten im Kühlschrank ziehen lassen.

Nun die Entenbrüste räuchern. Dieser Schritt kann auch weggelassen werden. Die Entenbrüste dazu mit der Hautseite nach oben auf den Gitterrost einer Fettpfanne legen. Ein paar Grillkohlen auf einer Seite eines Haubengrills anzünden. Ein Stück Räucherholz (für Ente bevorzuge ich Kirschholz) auf die heißen Kohlen legen. Die Ente mit der Fettpfanne auf der gegenüberliegenden Seite auf den Grill setzen, die Haube schließen und bei leicht geöffnetem Ventil 10 bis 12 Minuten räuchern. Herausnehmen, wenn das Fleisch 45 °C Kerntemperatur erreicht. Das ausgelassene Fett aufbewahren.

Anschließend die Entenbrüste braten. Dazu den Honig in einer Schale mit einem Tropfen heißem Wasser leicht erwärmen und mit einem Backpinsel bereitstellen. Eine Bratpfanne bei mittlerer Hitze heiß werden lassen und die Entenbrüste auf der Hautseite braten, um das Fett auszulassen. Achtung: Nicht zu heiß braten, sonst verbrennen die Gewürze. Nach ein paar Minuten Fett und Bratensaft in eine Schüssel abgießen und bereitstellen (es wird noch für die Nudeln gebraucht). Das Fleisch wenden und die knusprige Haut mit dem Honig bestreichen. Einige Minuten weiterbraten, dann die Fleischtemperatur testen. Für die perfekte rosa Ente sollte die Temperatur bei 50 °C, maximal 52 °C liegen. Die Pfanne vom Herd nehmen, Fett und Bratensaft erneut abgießen und bereitstellen. Das Fleisch zugedeckt 5 bis 10 Minuten ruhen lassen.

In der Zwischenzeit die Nudeln zubereiten. Die Arbeitsfläche leicht mit Öl bestreichen. Die Teigstücke aus dem Kühlschrank nehmen und jeweils zu einem Rechteck (ca. 5 mm dick und 15–20 cm lang) ausrollen. Den Teig abdecken und 10 Minuten ruhen lassen. Einen großen Topf mit Wasser zum Kochen bringen. Sobald das Wasser zu köcheln beginnt, die erste Nudel ziehen. Dazu ein Essstäbchen oder einen Holzspieß längs in der Mitte auf den Teig legen und leicht andrücken. Hier soll der Teig beim Schleudern und Ziehen einreißen. Den Teig dann mit den Händen an den Schmalseiten fassen und sanft zu ziehen beginnen. Hat der Teig die doppelte Länge erreicht, beginnen wir, ihn vorsichtig auf und ab zu schleudern und lassen ihn bei der Abwärtsbewegung auf die Arbeitsfläche aufschlagen. Abwechselnd weiterziehen und schleudern. Die Nudel auf der Arbeitsfläche ablegen und vorsichtig entlang der eingedrückten Linie auseinanderreißen, sodass eine Schlaufe entsteht.

Die ersten beiden Nudeln nach dem Trennen ins kochende Wasser geben und 2 Minuten garen. Währenddessen die nächsten beiden Nudeln schleudern. Die fertigen Nudeln herausheben, abtropfen lassen und in die Schüssel mit dem Entenfett und -bratensaft legen, damit sie nicht zusammenkleben. Sobald alle Nudeln gekocht sind, das Fleisch aufschneiden. Die Nudeln auf Teller verteilen, das Fleisch darauf anrichten und mit dem Gurkensalat servieren.

Rippchen mit Pflaumenmarinade und Limetten-Krautsalat

TUPELOHONIG

In einem eher hippen Lebensmittelladen stolperte ich unlängst über Umeboshi, japanische Salzpflaumen. Ich nahm sie spontan mit und suchte dann zu Hause in meiner Küche nach einer Möglichkeit, sie zu verarbeiten. Ich nahm dunkle Pflaumen, die dringend verarbeitet werden mussten, und kramte ein Glas vermutlich schwarzer Knoblauchpaste aus den Tiefen meines Kühlschranks. Der Rest ist köstlichste Umami-Geschichte. Zuerst garte ich die Rippchen fest in Folie gewickelt, um sie saftig und zart werden zu lassen und karamellisierte sie dann in der klebrigen Marinade. Was köstlich dazu schmeckt, sind ein knackiger Krautsalat, Bier und Pommes frites. Vorsicht: Diese Rippchen haben echte Suchtqualität. Man kann davon nicht genug bekommen!

Die Pflaumen mit wenig Wasser, dem Sternanis, und den drei verschiedenen Würzpasten und dem Knoblauch in einen Topf geben, leicht vermischen und zugedeckt 15 Minuten einkochen. Dann Öl, Honig, Sesam-Whiskey, Sojasauce, Chili und Essig zugeben und gründlich einrühren.

Den Backofen auf 150 °C vorheizen.

Die Rippchen rundum mit der Pflaumenmarinade einreiben und dann in eine Auflaufform legen, in die sie gerade so hineinpassen. Die Form mit Alufolie bedecken und die Rippchen im vorgeheizten Ofen etwa 90 Minuten garen.

In der Zwischenzeit den Krautsalat zubereiten. Dazu den Rot- und Weißkohl mit einem Gemüsehobel fein hobeln und die Karotten längs in breite Streifen hobeln oder schneiden. Die Mango schälen und das Fruchtfleisch in dünne Stifte oder Streifen schneiden. Alle weiteren, vorbereiteten Zutaten in einer Schüssel vermengen. Den Honig mit Limettensaft, Apfelessig, Meersalz und Chili verquirlen, über den Salat geben und unterheben.

Die Ofentemperatur auf 180 °C erhöhen.

Die Folie von der Auflaufform im Ofen nehmen und das Fleisch mit der Sauce aus der Form übergießen. Die Rippchen weitere 30 Minuten im Ofen garen, bis sie weich sind. Herausnehmen und noch heiß mit einer großen Portion Krautsalat, salzigen Pommes frites, einem gekühlten Bier und reichlich Servietten servieren.

Für 2 Personen

Für die Rippchen

4 große Pflaumen, entsteint

1 ganzer Sternanis

¾ EL schwarze Knoblauchpaste

2 zerdrückte Knoblauchzehen

1 EL Ingwerpaste

½ TL Umeboshi-Paste (jap. Würzpaste aus Salzpflaumen)

3 EL Sonnenblumenöl

2 EL Tupelohonig

1 EL Sesam-Whiskey (siehe Old Fashioned, S. 241) oder 1 TL Sesamöl mit 1 TL Bourbon Whiskey vermischt

2 TL dunkle Sojasauce

½ Chilischote, am besten Scotch Bonnet, geputzt und fein gehackt

1 Spritzer Reisessig

600 g Kotelettrippchen vom Schwein (Baby Back Ribs)

Für den Krautsalat

je 1 Spalte Rot- und Weißkohl (ca. 5 cm breit)

1 Karotte, geputzt

1 noch nicht ganz reife Mango

1 frisches Kaffir-Limettenblatt, in sehr dünne Streifen geschnitten

2 Frühlingszwiebeln, geputzt und längs in Ringe geschnitten

1 Bund Koriandergrün, Blättchen klein gezupft, Stiele fein gehackt

1½ TL Tupelohonig

Saft von 1 Limette

2 TL Apfelessig

1 große Prise grobes Meersalz

½ Chilischote, am besten Scotch Bonnet, fein gehackt

Honig-Limetten-Hähnchen mit Kartoffeln und Mais

GERÄUCHERTER HONIG

Dieses rauchige, würzige Gericht zum Teilen ist ideal für Grillabende im Sommer oder für ein gemütliches Essen mit Freunden an dunklen Winterabenden. Das Hähnchenfleisch sollte nach Möglichkeit über Nacht marinieren. Dazu passen ein knackiger grüner Salat – und Cocktails. Das Raucharoma kann man entweder mit Rauchsalz, geräucherten Limetten, geräucherten Honig oder beim Garen erzeugen. Eine Anleitung zum Räuchern gibt es auf Seite 238.

Für die Marinade zuerst die geröstete Guajillo-Chili zubereiten. Dazu die getrockneten Schoten in einer heißen, trockenen Pfanne rundum schwärzen, dann in einem Mixer mit Intervallschaltung fein zerkleinern. Wer es nicht so scharf möchte, kann vor dem Rösten die Kerne aus den Chilischoten herausschütteln.

Alle Zutaten für die Marinade in einer großen Schüssel vermengen und 3 bis 4 Esslöffel der Marinade für die Kartoffeln zurückbehalten. Die Hähnchenschenkel gründlich in der restlichen Marinade wenden und zugedeckt im Kühlschrank marinieren (am besten über Nacht).

Das Fleisch aus dem Kühlschrank nehmen. Die Hähnchenschenkel quer auf je zwei Metallspieße fädeln. Auf jedes Paar Spieße sollten 5 bis 6 Hähnchenschenkel passen.

Die Kartoffeln und den Mais in einem Topf mit gesalzenem kochendem Wasser etwa 5 Minuten kochen, bis der Mais gar ist. Das Gemüse in ein Sieb abgießen und mit Küchenpapier trocken tupfen. Die aufbewahrte Marinade mit etwas Öl verdünnen und die vorgekochten Kartoffeln darin wenden.

Den Backofen auf 200 °C vorheizen oder eine Grillpfanne auf dem Herd oder Grill bei mittlerer, nicht zu starker Hitze heiß werden lassen. Das Hähnchenfleisch 15 Minuten in der Pfanne oder auf dem Grill rösten/grillen, dann wenden, die Kartoffeln dazugeben (auf dem Grill in einer Grillschale) und weitere 15 Minuten rösten/grillen. Die Hähnchenschenkel und Kartoffeln vom Herd/Grill nehmen, sobald sie gar und am Rand knusprig sind. Das Fleisch von den Spießen streifen und mit den Kartoffeln und Maisscheiben vermischen.

Den Joghurt dick auf eine Servierplatte streichen und mit dem Tajine-Gewürz bestreuen. Hähnchen, Kartoffeln und Mais darauf anrichten. Mit Jalapeño-Ringen, Radieschen und Koriander bestreuen und mit dem Saft einer Limettenhälfte beträufeln. Die zweite Hälfte in Spalten schneiden und dazu reichen. Mit Meersalz, Pfeffer und etwas Tajin-Gewürz bestreuen und mit einem frischen Salat servieren.

Für 4–6 Personen

10–12 Hähnchenschenkel, entbeint und gehäutet

750 g neue Kartoffeln, halbiert

4 Maiskolben, quer in 2,5 cm dicke Scheiben geschnitten

grobes Meersalz

neutrales Öl

800 g griechischer Joghurt oder Labneh (liban. Frischkäse)

Tajin (marokkan. Gewürz), zum Bestreuen

1 grüne Jalapeño-Chili, in dünne Ringe geschnitten

2 Radieschen, geputzt und in dünne Scheiben geschnitten

1 Handvoll Koriandergrün, gehackt

3 Limetten, nach Belieben geräuchert (siehe S. 238)

frisch gemahlener schwarzer Pfeffer

Für die Marinade

3–4 getrocknete Guajillo-Chilischoten

1½ EL gemahlene Loomi (arab. Gewürz aus getrockneten Limetten)

3 EL Knoblauchpaste

2 TL grobes Meersalz, nach Belieben geräuchert

120 ml neutrales Öl

1 Limette, halbiert

2 EL Branntweinessig

3 EL geräucherter Honig (siehe S. 65)

Außerdem

4 Spieße aus Metall

Rindfleisch-Auberginen-Curry

DISTELHONIG

Dieses kräftige Curry ist von »Salli boti«, einem köstlichen parsisches Gericht aus Lamm- oder Ziegenfleisch mit knusprig gerösteten Kartoffelstäbchen, inspiriert ..., die in meiner Version allerdings nichts vorkommen. Auch die Joghurtmarinade, die das Fleisch zart macht, ist wie Rindfleisch und Aubergine meine Dreingabe. Also ist es eigentlich kein »Salli boti« mehr. Ich empfehle aber, das Parsi-Gericht irgendwann auszuprobieren. Für die Planung dieses Currys muss man beachten, dass das Rindfleisch mindestens 6 Stunden mariniert. Eigentlich wird das Curry auf dem Herd gekocht, doch im Ofen bekommt es gleichmäßig Hitze von allen Seiten, muss nicht ständig umgerührt werden, um nicht anzubrennen – und wenn man nach eineinhalb Stunden testet, ob das Fleisch gar ist, und mit der Gabel hineinsticht, stellt man erfreut fest, dass es in der sämigen Auberginensauce schon fast auseinanderfällt: Gleich ist Showtime!

Das Rindfleisch in etwa 5 Zentimeter große Stücke schneiden (ich kaufe bewusst keinen Gulasch, da er meist zu klein geschnitten ist und beim Schmoren zu schnell zerfällt).

Die Zutaten für die Marinade in einer Schüssel vermengen. Das Fleisch gründlich darin wenden und dann zugedeckt 6 bis 24 Stunden (am besten über Nacht) im Kühlschrank marinieren.

Das Öl in einem ofenfesten Schmortopf mit passendem Deckel bei mittlerer Hitze heiß werden lassen. Koriander, Lorbeerblatt und Zimtstange ein paar Minuten anbraten, bis sie anfangen zu duften. Dann die gehackten Zwiebeln unter häufigem Rühren 15 Minuten oder etwas mehr im Fett braten, bis sie karamellisieren und knusprig werden. Sollten sie am Topfboden ansetzen, etwas Wasser zugeben.

Den Backofen auf 150 °C vorheizen.

Das marinierte Fleisch und die Auberginen in den Topf geben, gut umrühren und zugedeckt 5 Minuten garen. Die gehackten Tomaten einrühren und 15 Minuten gründlich einkochen lassen. Die Tomatendose mit ein wenig Wasser ausspülen und das Wasser ebenfalls einrühren, sodass Fleisch und Auberginen mit Flüssigkeit bedeckt sind. Den Topf mit leicht angekippten Deckel (so kann Dampf entweichen) in den Ofen stellen und 2 Stunden schmoren lassen. Nach 90 Minuten mit der Fleischgabel prüfen, ob das Fleisch bereits gar ist. Geduld! Sobald das Fleisch zart ist und auseinanderfällt, Honig, Essig und Garam Masala einrühren und weitere 10 bis 15 Minuten in den Ofen stellen.

Das Curry mit Basmatireis, Brot, Pickles, Raita und Chutneys servieren. Am nächsten Morgen tunke ich gern das Wabenbrot auf Seite 160 in die Saucenreste.

Für 6–8 Personen

800 g Rinderschmorbraten, am Stück

100 ml Pflanzenöl

1 TL Koriandersamen, im Mörser grob zerstoßen

1 Lorbeerblatt

1 Zimtstange

3 große rote Zwiebeln, geschält und fein gehackt

2 große Auberginen oder die entsprechende Menge Baby-Auberginen, geputzt und in dicke Scheiben geschnitten (Baby-Auberginen ganz lassen)

400 g gehackte Tomaten (aus der Dose)

2 EL Distelhonig oder anderer dunkler, flüssiger Honig

2 EL Branntweinessig

1 TL Garam Masala

Für die Marinade

100 g Naturjogurt

3 EL Knoblauchpaste

1½ EL Ingwerpaste

1½ TL Deggi Mirch (ind. Gewürzmischung) oder gemahlene Kaschmiri-Chili

1½ TL feines Meersalz

1 EL Limettensaft

½ TL gemahlene Kurkuma

1 TL gemahlener Kreuzkümmel

1 EL Pflanzenöl

Biryani mit Fleisch vom Zicklein, Jackfruit und Limetten

LINDENHONIG

Ich koche regelmäßig Biryani, seit meine Freundin Katie mir das Kochbuch vom Londoner Restaurant Dishoom im Covent Garden (»Indische Küche – Dishoom: From Bombay with Love«) geschenkt hat, ein wunderbares Buch. Mein Biryani-Rezept ist an die Lieblings-Lamm- und Jackfruit-Biryanis aus diesem Buch angelehnt. In meinem Rezept schenkt das Kaffir-Limettenblatt dem Reis ein feines Aroma, und der Rotkohl verleiht dem Ziegenschmortopf angenehmen Biss. Ich bestelle mein Ziegenfleisch online, aber Lamm funktioniert hier genauso. Die Jackfruit lässt sich durch Blumenkohl oder halbierte neue Kartoffeln ersetzen.

Zuerst den Basmatireis vorbereiten. Dazu den Reis in einer Schüssel mit kaltem Wasser gründlich waschen und in ein Sieb abgießen, dabei das Reiswasser für später auffangen (falls keine Brühe genutzt wird). Den Vorgang 3 bis 4 Mal wiederholen, bis das Wasser klar ist und die überschüssige Stärke größtenteils ausgewaschen ist. Den Reis dann in einen Topf geben, mit Wasser bedecken und quellen lassen.

Öl oder Ghee in einer großen Pfanne erhitzen und die Zwiebeln unter gelegentlichem Rühren bei mittlerer bis starker Hitze 15 Minuten karamellisieren. Falls nötig, etwas Wasser zugeben, damit die Zwiebel nicht ansetzt. Zimt, Pfefferkörner und Kadamom im Stück einrühren und 1 Minute weiterrühren, bis die Gewürze anfangen zu duften. Das Fleisch zugeben und unter kräftigem Rühren 3 bis 4 Minuten anbraten.

Anschließend die Jackfruit zugeben, weiterrühren und nach 3 Minuten Lorbeer, Ingwer- und Knoblauchpaste, Salz, Deggi Mirch, Kurkuma und Garam Masala einrühren und 1 bis 2 Minuten unter Rühren mitbraten. Den Joghurt einrühren und alles 5 Minuten einkochen. Brühe oder Wasser angießen, die Temperatur reduzieren und mit halb aufgesetztem Deckel unter gelegentlichem Rühren 50 Minuten köcheln lassen. Als nächstes Rotkohl, Essig und Honig einrühren und den Inhalt der Pfanne in einen großen Schmortopf mit Deckel geben.

Den Reis abgießen und in einen großen Topf mit kochendem Wasser geben. Limettensaft und Salz einrühren und den Reis einige Minuten kochen, sodass er noch kräftig Biss hat. Abgießen. Das Kaffir-Limettenblatt einrühren und den Reis auf das Fleisch und Gemüse im Schmortopf schichten. Den Backofen auf 180 °C vorheizen.

Den zusätzlichen Honig mit Butter oder Ghee verquirlen und über den Reis geben. Den Schmortopf mit aufgesetztem Deckel 25 Minuten in den vorgeheizten Ofen geben. Herausnehmen und 10 Minuten ruhen lassen. Mit Koriander bestreut servieren.

Für 4–6 Personen

3 EL Pflanzenöl oder Ghee

1 rote Zwiebel, geschält und in Ringe geschnitten

1 Stange Zimt

½ TL schwarze Pfefferkörner

2 Kardamomkapseln

600 g gewürfeltes Fleisch vom Zicklein oder der Ziege

800 g Jackfruit, stückig und in Salzlake (2 Dosen à 400 g), gut abgetropft

2 Lorbeerblätter

1 EL Ingwerpaste

2 EL Knoblauchpaste

½ TL Salz

1 TL Deggi Mirch (ind. Chiligewürz) oder gemahlene Kaschmiri-Chilis

1 TL gemahlene Kurkuma

1 TL Garam Masala

100 g griechischer Joghurt

150 ml Brühe oder Reiswasser, bei Bedarf mehr

150 g Rotkohl, geputzt und in feine Streifen geschnitten

1 EL Apfelessig

2 EL Lindenhonig, plus 1 TL Honig mehr

2 EL zerlassene Butter oder Ghee

Koriandergrün, zum Garnieren

Für den Reis

400 g Basmatireis

Saft von 1 Limette

1 ½ TL feines Meersalz

1 Kaffir-Limettenblatt, in sehr feine Streifen geschnitten

Würzige Haxe vom Zicklein mit Salzzitronen *und den genialen Fladenbroten von Helen Graves

DISTELHONIG

Ja, dieses Gericht funktioniert auch wunderbar mit Lamm! Da stimme ich zu. Aber Ziegenfleisch ist noch köstlicher. Ein Versuch lohnt sich. Was den wunderbaren Geschmack dieses Gerichts angeht, so habe ich meine Küche nach jedem Gewürz durchforstet, das mir beim Gedanken an ein knuspriges, kräftig gewürztes Stück Ziegenfleisch auf frischem Fladenbrot passend erschien. Wer mag, ignoriert meine Vorschläge und geht im eigenen Gewürzregal auf die Suche. Wer die Menge der hier verwendeten Gewürzmischung gleich verdoppelt und den Rest in ein Glas füllt, um damit alles von Kartoffeln über Mais und Blumenkohl bis Hähnchenflügel und Fritten zu würzen, wird es garantiert nicht bereuen!

Helen Graves, die Londoner Foodbloggerin und Kochbuchautorin, ist die Königin des Fladenbrots und des Kochens über offenem Feuer. Sie hat mir freundlicherweise erlaubt, ihr Rezept für einfaches, köstliches Fladenbrot hier abzudrucken. Das Brot nimmt das saftige Fleisch und die Gewürze auf und ergibt ein handliches Genusspaket. Ich würze das Fleisch noch mit Kümmel und Kreuzkümmel.

Ein Wort zur Silberhaut: Ziegen- und Lammhaxen sind wie Rücken- oder Rippenstücke oft von einer dünnen Membran, der Silberhaut, umgeben. Sie ist unangenehm zu kauen und verhindert zudem, dass die Aromen einer Marinade ins Fleisch eindringen. Ist sie an der Ziegenhaxe noch dran, sollte sie zuallererst mit einem scharfen Messerchen entfernt werden. Die Membran dazu an einem Ende abschneiden, dann fest zurückziehen und mit dem Messer unter der dünnen Haut hergleiten, um die Haut vom Fleisch zu lösen.

Ich brate das Fleisch für die knusprige Kruste scharf an und lasse es dann für eine zarte Textur langsam garen, bis es butterweich ist. Fällt es nicht gleich auseinander, wenn ich es scharf angucke, dann ist es noch nicht fertig. Geduld! Das Garen braucht einfach seine Zeit. Wer mag, kann das Fleisch auch auf dem Grill scharf rösten und dann langsam garen, gern auch mit ein wenig Rauch.

Für 2 Personen

1 Haxe vom Zicklein
2 EL Bratöl
1 rote Zwiebel, geschält und in 8 Spalten geschnitten
1 EL Knoblauchpaste oder 3 Knoblauchzehen, fein gehackt
½ EL Ingwerpaste
1 ½ EL Distelhonig
2 Salzzitronen, je in 6 Spalten geschnitten

Für die Marinade

2 TL Kreuzkümmelsamen
1 TL Koriandersamen
1 große Prise Kümmelsamen
1 TL Fenchelsamen
1 TL schwarze Pfefferkörner
8 Pimentbeeren
1 EK getrockneter Oregano
1 EL Pul Biber (türk. Paprikaflocken)
1 TL getrocknete Minze
½ TL getrockneter Thymian
2 Lorbeerblätter, zerdrückt
¼ TL Knoblauchgranulat
½ TL Salz
2 EL Olivenöl

Den Backofen auf 200 °C vorheizen.

Für die Marinade Kreuzkümmel, Koriander, Kümmel, Fenchelsamen, Pfefferkörner und Piment im Mörser kurz zerstoßen. Dann mit den restlichen Zutaten für die Marinade zu einer lockeren Paste vermengen

Das Ziegenfleisch rundum mit der Würzpaste bedecken und die Paste gründlich einreiben. Die Haxe in eine Auflaufform legen und im vorgeheizten Ofen 30 Minuten kräftig rösten. Nach der Hälfte der Garzeit wenden. Den Bratensaft aus der Schale abgießen und aufbewahren. Die Ofentemperatur auf 160 °C reduzieren.

In der Zwischenzeit den Sud für das langsame Garen der Haxe vorbereiten. Dazu das Bratöl in einem ausreichend großen Schmortopf erhitzen und die Zwiebelspalten bei schwacher bis mittlerer Hitze in 10 bis 15 Minuten knusprig karamellisieren. Falls nötig, etwas Wasser dazugeben, damit die Zwiebeln nicht ansetzen. Knoblauch- und Ingwerpaste sowie Honig in einer kleinen Schüssel gründlich verrühren und zusammen mit den Salzzitronen in den Schmortopf geben. Weitere 5 Minuten braten, dann den Topf vom Herd nehmen.

Die im Backofen geröstete Ziegenhaxe in den Schmortopf legen und mit 250 Milliliter Wasser übergießen. Den Topf zugedeckt 90 Minuten in den Ofen geben. Den Deckel nach etwa 1 Stunde abnehmen und das Fleisch wenden, damit es schön gleichmäßig gart. Falls nötig, noch etwas Wasser nachgießen (aber nicht zu viel, denn es soll eine sämige Sauce entstehen, keine Suppe). Sobald das Fleisch weich ist und vom Knochen fällt und die Sauce deutlich reduziert ist, den Topf aus dem Ofen nehmen und das Fleisch im geschlossenen Topf ruhen lassen.

Sobald das Fleisch im Ofen ist, die Fladenbrote zubereiten. Dazu die Kümmel- und Kreuzkümmelsamen in einer heißen, trockenen Pfanne rösten, bis sie anfangen zu duften, dann in einer Schüssel gut mit den restlichen Zutaten für den Teig und 150 Milliliter warmem Wasser vermengen. Den Teig auf einer leicht bemehlten oder geölten Arbeitsfläche kräftig kneten, bis er geschmeidig und elastisch ist. Zugedeckt etwa 1 Stunde an einem warmen Ort gehen lassen, bis er sein Volumen verdoppelt hat. In der Zwischenzeit die roten Zwiebelringe zum Servieren in kaltem Wasser einweichen.

Den Teig für die Fladenbrote durchkneten und für große Fladen in vier, für kleine Fladen in sechs Ballen teilen. Die Teigstücke zu Fladen ausrollen und in einer sehr heißen, trockenen Pfanne (Helen Graves und ich nutzen dafür gern eine gusseiserne Pfanne; sie sollte mindestens 5 Minuten vorheizen) 1 bis 2 Minuten auf jeder Seite rösten. Die Fladen sind fertig, wenn sie sich leicht aufblähen. Die fertigen Brote mit dem aufbewahrten Bratensaft dünn bestreichen, übereinanderschichten, mit Folie abdecken und in den noch warmen Ofen stellen. Die eingelegten Zwiebeln abgießen.

Einen Löffel des Schmorfleischs auf einem Fladenbrot anrichten, mit Zitronensaft beträufeln und mit Petersilie oder Koriander und roten Zwiebeln bestreut servieren.

Für die Fladenbrote
(ergibt 4–6 Brote)

1 TL Kümmelsamen

1 TL Kreuzkümmelsamen

250 g Weizenmehl Type 812

3,5 g Trockenhefe

1 TL feines Meersalz

1 EL Olivenöl

Zum Servieren

2 rote Zwiebeln, geschält und in dünne Ringe geschnitten

Saft von ½ Zitrone

1 Handvoll frische Petersilie oder Koriandergrün, Blätter abgezupft und klein gezupft

Rot geschmorter Schweinebauch mit Honig

BUCHWEIZENHONIG

Rot geschmorter Schweinebauch (Hong Shao Rou) ist eines der traditionellen chinesischen Gerichte, von denen es zwischen Hunan und Shanghai zahlreiche regionale Variationen gibt. Schon bei der Zubereitung erfüllt es das ganze Haus mit einem herrlichen Duft. Statt Kandiszucker verwende ich in meiner Version Buchweizenhonig. Und zur Fettschwarte des Schweinebauchs nur so viel: Sie ist nicht zu verachten und schmeckt absolut köstlich! Allen Vegetarier:innen kann ich statt des Fleischs Auberginen wärmstens empfehlen.

Für 4 Personen

4 Frühlingszwiebeln, geputzt

700 g Schweinebauch mit Schwarte, in 2,5 cm große Stücke geschnitten

4 EL helle Sojasauce

2 EL dunkle Sojasauce

80 ml Shaoxing (chines. Reiswein)

50 ml Buchweizenhonig

2 ganze Sternanis

1 Stück frischer Ingwer (ca. 5 cm lang), in dünne Scheiben geschnitten

2 Lorbeerblätter

Die Frühlingszwiebeln klein schneiden (ich schneide die Zwiebeln gern zuerst in große Stücke, die ich noch einmal längs halbiere). Nach Wunsch das Grün klein schneiden und später als Garnitur verwenden.

Nun das Schweinefleisch blanchieren. Dazu das Fleisch in einem großen Topf mit kaltem Wasser bedecken, zum Kochen bringen und 2 bis 3 Minuten köcheln lassen. Den Schaum, der sich auf der Oberfläche absetzt, abheben und anschließend das Fleisch herausnehmen und den Topf säubern.

Helle und dunkle Sojasauce, Reiswein und Honig bei schwacher Hitze in den Topf geben und verrühren. Die Frühlingszwiebeln, Sternanis, Ingwer und Lorbeerblätter einrühren und, falls nötig, mit 3 Esslöffel Wasser verdünnen. Unter Rühren kräftig köcheln lassen, bis die Gewürze duften.

Das Schweinefleisch dazugeben und knapp mit Wasser bedecken. Gründlich umrühren und aufkochen lassen. Die Temperatur reduzieren und ohne Deckel köcheln lassen, bis das Fleisch gar ist. Als Test ein Stück Fleisch anheben und mit einem Löffel gegen die Topfwand drücken. Löst sich die Schwarte ohne weiteres vom Fleisch, ist es gar.

Das Fleisch auf einen vorgewärmten Teller geben und die Sauce unter Rühren reduzieren, bis sie dickflüssig und glänzend ist. Das Fleisch erneut in die Sauce geben. Mit gedämpftem Reis und gedünstetem Gemüse nach Wahl, wie zum Beispiel Pak Choi, servieren.

KAPITEL 4

Gebackenes

140	Sauerteigbrot mit Knoblauch fermentiertem Honig und Miso	181	Marokkanische Mandel-Briouats
144	Aprikosen-Fenchel-Schnecken mit Honig – eine Liebeserklärung an Pohams Bakery	184	Kastenkuchen
		188	Custard Tart
152	Zitronen-Focaccia	191	Tarte Tatin mit Honig
154	Süße Safranbrötchen mit Aprikosen	194	Pistazien-Pavlova mit Lavendelhonig und geröstetem Pfirsich
156	Eine Geschichte zweier Babkas		
160	Wabenbrot – Khaliat (al) Nahal	197	Maiskuchen mit Honig und Nüssen
163	Maronen-Madeleines mit Honig und Orangenglasur	200	Baskischer Käsekuchen mit Kardamom
		203	Haselnussbaiser mit Honig-Mascarpone und Quitten
166	Süditalienische Scauratielli		
170	Loukoumades – griechische Krapfen	204	Zitronenkuchen mit Blütenpollen und Baiserhaube
171	Paprenjaci – kroatische Pfefferkuchen		
174	Baklava	207	Michelle Polzines' Schichttorte
178	Marokkanische Halwa Chebakia	210	Panna cotta mit Feigenblatt

Sauerteigbrot mit Knoblauch fermentiertem Honig und Miso

MIT KNOBLAUCH FERMENTIERTER HONIG

Dieses knusprige, herzhafte Knoblauchbrot sollte man unbedingt ausprobieren, auch wenn man bislang noch keinen Sauerteig angesetzt hat. Es ist lecker, ob in Balsamico und Olivenöl getunkt, als Begleiter für Suppen oder als Toast mit Ziegenfrischkäse und den marinierten Pilzen auf Seite 66. Der Honig unterstützt in meinem Rezept den Fermentierungsprozess des Sauerteigs (siehe S. 33).

Alle Zutaten für den Starter mit 300 Milliliter warmem Wasser gut verrühren und in ein Einmachglas füllen. Das Glas mit einem Passiertuch abdecken und einen Tag stehen lassen.

Ein Drittel des Anstellguts entsorgen (oder für den Focaccia-Vorteig auf Seite 152 oder die Crumpets auf Seite 81 verwenden), dann mit Roggenmehl, 100 Milliliter warmem Wasser und Honig auffrischen. Über Nacht stehen lassen. Am nächsten Morgen ist der Roggen-Sauerteigstarter fertig.

Den Backofen auf 180 °C vorheizen.

Den Starter in einer Schüssel mit 350 Milliliter warmem Wasser und dem Mehl zu einem dünnen Teig vermengen und an einem warmen Ort zugedeckt 1 Stunde ruhen lassen. Alternativ die Schüssel in ein warmes Wasserbad stellen, sodass der Vorteig 25 bis 28 °C erreicht.

In der Zwischenzeit die Knoblauchknollen oben horizontal aufschneiden und jede Knolle auf ein Stück Alufolie legen. Mit Olivenöl und Honig beträufeln und in die Folie einschlagen. Im vorgeheizten Ofen etwa 45 Minuten rösten, dann herausnehmen und auf die Seite stellen.

Den Teig in der Schüssel mit Salz bestreuen und mit angefeuchteten Händen 16 Mal falten. Dafür den Teig unten am Rand fassen, ziehen und zur Mitte falten. Die Schüssel nach jedem Falten ein wenig drehen und den Vorgang wiederholen. Anschließend den Teig zugedeckt weitere 30 Minuten ruhen lassen. Danach erneut auf dieselbe Weise falten und zugedeckt weitere 3 bis 3,5 Stunden ruhen lassen.

Nach der Ruhezeit den Teig erneut falten. Nach der achten Faltung die gerösteten Knoblauchzehen aus der Folie nehmen und aus den Schalen drücken. Den Knoblauch bei den restlichen acht Faltungen in den Teig einarbeiten. Den Teig dann auf der bemehlten Arbeitsfläche kneten und zu einer Kugel formen. Einen Gär- oder Backkorb (falls verwendet) leicht befeuchten und großzügig mit Grieß einstäuben und den Teig in den Korb geben. Erneut 1 bis 1,5 Stunden ruhen lassen.

Fortsetzung Seite 143

Ergibt 1 Brotlaib

Für den Sauerteigstarter
150 g Bio-Roggenmehl
1 TL Rohhonig

Zum Auffrischen (füttern)
100 g Roggenmehl
½ TL mit Knoblauch fermentierter Honig (siehe S. 62)

Für das Brot
150 ml aufgefrischter Roggen-Sauerteigstarter (siehe oben)
500 g backstarkes Weizenmehl Type 550 oder Type 812 (oder ein Mischmehl aus verschiedenen Getreidesorten)
1 gestr. TL feines Meersalz

Zum Backen
2 Knollen Knoblauch
1 EL Olivenöl
1 EL mit Knoblauch fermentierter Honig (siehe S. 62)
Weizengrieß, zum Bestreuen

Zum Besprühen
1 TL Miso-Paste
1 TL mit Knoblauch fermentierter Honig (siehe S. 62)

Zum Servieren
gesalzene Butter, Käse und mit Knoblauch fermentierter Honig (siehe S. 62)

In der Zwischenzeit die Miso-Paste mit dem fermentierten Honig und 100 Milliliter Wasser verquirlen und in eine kleine Sprühflasche füllen.

Den Backofen auf maximale Temperatur vorheizen. Einen großen Schmortopf mit passendem Deckel, der für das Brot groß genug und doppelt so hoch ist, im Ofen vorheizen.

Den Topf nach etwa 15 Minuten (Ofen und Topf sollten ganz durchgeheizt sein) vorsichtig mit Ofenhandschuhen herausnehmen, den Boden des Topfs mit einer Handvoll Grieß ausstreuen, damit das Brot nicht anbackt, und den Teig vorsichtig aus dem Korb in den Topf stürzen. Wem das zu heikel ist, der kann auch ein Blatt Backpapier über den Korb spannen, den Teig daraufstürzen und den Teig dann mit dem Papier in den Schmortopf versenken. In diesem Falls ist dann die Grießschicht auf dem Boden des Topfs nicht nötig.

Den Teig oben einritzen und mit dem Miso-Honig-Wasser besprühen. Den Deckel auf den Schmortopf auflegen und den Teig im vorgeheizten Ofen 20 Minuten backen. Danach den Deckel abnehmen, das Brot erneut mit Miso-Honig-Wasser besprühen und weitere 15 Minuten backen. Das fertige Brot sollte eine knusprige Kruste haben und beim Klopfen auf die Unterseite hohl klingen.

Das Brot aufgeschnitten mit gesalzener Butter, Käse und weiterem Honig servieren.

Aprikosen-Fenchel-Schnecken mit Honig – eine Liebeserklärung an Pohams Bakery

LAVENDELHONIG

Wie viele andere Rezepte in diesem Buch erzählt auch dieses Rezept von meiner großen Leidenschaft für die köstlichen Kreationen begnadeter Köch:innen und Bäcker:innen. Wer einmal nach East London kommt, sollte unbedingt eine von Pophams Bäckereien aufsuchen und einen Bacon-Maple-Swirl (eine Schnecke mit Bacon und Ahornsirup) probieren. Überraschung: In diesen großen, fluffigen Schnecken verbirgt sich ein wunderbar süßer, durchwachsener Speckstreifen.

Ich bin keine Profiköchin und meilenweit davon entfernt, mich in Sachen französisches Gebäck versiert nennen zu dürfen. Normalerweise werde ich allein schon beim Gedanken daran, einen Ziehteig selbst zu machen, müde. Aber ich dachte, wenn ich mich an Ziehteig heranwage und es schaffe, etwas Köstliches daraus zu backen, dann können andere Hobbyköch:innen das auch.

In meiner Kindheit gab es zu Croissants meist gesalzene Butter und französische Aprikosenkonfitüre. In Erinnerung daran haben diese Schnecken eine Füllung aus gerösteten Aprikosen, karamellisiertem Honig und Fenchel.

FÜR NEULINGE: EIN WORT ZUM ZIEHTEIG

Ziehteige sind Teige, die um einen Block Butter herumgefaltet (tourniert) werden. Dann werden Butter und Teig gemeinsam abwechselnd immer wieder gefaltet und ausgerollt und gekühlt, sodass viele Teigschichten entstehen, die durch Fett voneinander getrennt sind. Das Kühlen verhindert, dass alles verschmilzt. Auf diese Weise entstehen die luftigen Schichten von Croissants, Plunderteigstückchen und anderem Feingebäck. Nach meinen Erfahrungen als Anfängerin sind die entscheidenden Elemente hier gute Zutaten wie Butter mit einem hohen Fettgehalt von über 82 Prozent (französische Butter hat oft mehr), sorgfältiges Tournieren und Schneiden und vor allem viel Geduld beim Kühlen. Dieses Rezept erstreckt sich über zwei Tage, und es gibt leider keine Abkürzung. Wenn man dann die Jagd nach gutem Mehl (vermutlich online), guter Butter und guter Hefe mit einrechnet, erstreckt sich die Zubereitung vielleicht über eine Woche.

Da sich diese Schnecken aber vor dem zweiten Gehen gut einfrieren lassen, friere ich meist den Großteil ein, und hole am Samstagabend eine oder zwei Schnecken aus dem Gefrierfach, die ich über Nacht im Kühlschrank auftauen lasse. Am nächsten Morgen lasse ich den Teig nochmals gehen und genieße die Schnecken als Sonntagsfrühstück.

Fortsetzung Seite 146

Ergibt 12 Schnecken

Für den Ziehteig

275 ml Vollmilch

18 g frische Hefe

45 g Puderzucker

1 gestr. TL feines Meersalz

250 g backstarkes Weizenmehl Type 550, plus etwas Mehl zum Bestäuben

250 g Weizenmehl Type 00 oder Type 405

20 g weiche Butter

250 g kalte ungesalzene Butter (ca. 30 Minuten vor Gebrauch aus dem Kühlschrank nehmen, damit sie formbar ist)

Für die Füllung

14 große Aprikosen

80 g Lavendelhonig

2 TL Fenchelsamen

1 große Prise grobes Meersalz

Zum Glasieren

2 EL angewärmter Lavendelhonig

TAG EINS

Teig, Butter und Füllung vorbereiten. Dazu Milch und Hefe in einer großen Rührschüssel verquirlen. Puderzucker und Salz gründlich mit den Mehlen vermengen, dann die Trockenzutaten in die nassen Zutaten rühren. Die weiche Butter einrühren und alles gründlich zu einem Teig verkneten.

Den Teig auf der leicht bemehlten Arbeitsfläche 10 Minuten kneten, bis er geschmeidig ist und zurückfedert. Das Gluten ist ausreichend entwickelt, wenn sich ein kleines Stück Teig am Fenster im Licht so weit dehnen lässt, dass es durchscheinend wird, bevor es reißt. In einer leicht bemehlten Schüssel mit Frischhaltefolie abgedeckt über Nacht im Kühlschrank gehen lassen.

Als nächstes den Butterblock vorbereiten. Dazu die Butter längs auf ein großes Blatt Backpapier (mind. 45 × 110 cm) legen. (Die Butter wird später in das Backpapier eingeschlagen, damit sie ihre Form besser hält.) Den Butterblock mit einer Teigrolle von rechts nach links flach klopfen. Sobald er weicher und flacher ist, das Backpapier darüberfalten, sodass ein großer Umschlag (ca. 20 × 25 cm) entsteht. Die Butter im Backpapier ausrollen, bis sie sich gleichmäßig dünn in alle Ecken des Backpapierumschlags verteilt hat. Über Nacht in den Kühlschrank legen.

Den Backofen auf 175 °C vorheizen.

Nun die Aprikosenfüllung vorbereiten. Dazu die Früchte halbieren, entsteinen und so in eine Auflaufform legen, dass sie sich berühren. Mit dem Honig beträufeln und mit Fenchelsamen und Meersalz bestreuen. Die Form mit Backpapier abdecken und die Aprikosen im vorgeheizten Ofen 30 Minuten garen. Das Backpapier entfernen, die Früchte mit der Gabel andrücken und weitere 30 Minuten in den Ofen geben, bis sie dunkel und karamellisiert sind. Die Früchte dann mit der Gabel zu Püree zerdrücken und in einen Gefrierbehälter füllen. Über Nacht im Kühlschrank kalt stellen.

TAG ZWEI

Zum Tournieren den Ziehteig aus dem Kühlschrank nehmen und 10 bis 15 Minuten weich, aber noch ausrollbar werden lassen. Dann die Butter aus dem Kühlschrank nehmen und weich werden lassen. In der Zwischenzeit den Teig zu einer großen Platte, die doppelt so lang ist wie die Butter im Backpapierumschlag (ca. 25 × 40 cm) ausrollen.

Den Teig nun quer auf der Arbeitsfläche auslegen und den Butterblock so in der Mitte daraufsetzen, dass seine Schmalseiten oben und unten am Teigrand anliegen und rechts und links der Butter 10 Zentimeter Teig überstehen. Die überstehenden Teigränder über die Butter falten, sodass sie sich in der Mitte treffen, und zusammendrücken.

Fortsetzung Seite 149

Als nächstes den Teig mit der Butter von der Mitte aus nach oben und nach unten ausrollen, sodass er letztlich 55 Zentimeter lang wird, aber 20 Zentimeter breit bleibt. Die Schmalseiten dann mit einem Wellenschliffmesser gerade abschneiden, um die Lagen freizulegen und überschüssigen Teig abzuschneiden.

Den Teig jetzt um 90 Grad drehen, sodass er wieder quer auf der Arbeitsfläche liegt. Dann das linke Drittel zur Mitte falten und das rechte Drittel über die anderen beiden Lagen falten, sodass der Teig nur noch ein Drittel Breite hat. Den Teig in Frischhaltefolie einschlagen und 30 Minuten im Gefrierschrank tiefkühlen.

Für die nächste Runde den Teig längs (mit der Schmalseite zum Tischrand) auf die Arbeitsfläche legen und erneut auf 20 Zentimeter Breite und 55 Zentimeter Länge ausrollen und die Enden sauber abschneiden. Danach wieder um 90 Grad drehen, sodass er quer liegt, und auf ein Viertel der Breite falten. Dazu rechts und links jeweils das äußere Teigviertel auf das innere Viertel falten und den Teig dann wie ein Buch zusammenfalten. In Frischhaltefolie einschlagen und, falls nötig, weitere 30 Minuten im Gefrierschrank fest werden lassen.

Bei dieser Runde wird der Teig nicht tourniert, sondern lediglich ausgerollt. Den Teig nun mit der offenen Seite nach rechts legen und auf 30 Zentimeter Länge und 15 Zentimeter Breite ausrollen. Wieder in Frischhaltefolie eingeschlagen und im Gefrierschrank fest werden lassen. Der Teig hat nun viele Schichten und kann geformt werden.

Den Teig etwa auf doppelte Größe (60 × 25 cm) ausrollen, quer auslegen und das Aprikosenkompott mit einem Teigschaber oder Löffel gleichmäßig auf dem Teig verteilen. Die Teigränder mit dem Wellenschliffmesser gerade schneiden. Den Teig von der Tischkante her zu einer langen Rolle aufrollen, in Frischhaltefolie einschlagen und erneut im Gefrierschrank fest werden lassen, damit sich die Rolle schneiden lässt.

Die Teigrolle quer mit dem Wellenschliffmesser in zwölf etwa 5 Zentimeter dicke Scheiben schneiden und die Scheiben mit Abstand auf mit Backpapier ausgelegten Backblechen auslegen. Locker mit eingeölter Frischhaltefolie abdecken und an einem warmen Ort (ca. 25 °C) 1 bis 1,5 Stunden gehen lassen, bis die Schnecken ihr Volumen fast verdoppelt haben und die Lagen gut erkennbar sind.

Den Backofen auf 200 °C vorheizen.

Die Frischhaltefolie abnehmen und die Backbleche in den vorgeheizten Ofen schieben. Die Ofentemperatur sofort auf 180 °C reduzieren und die Schnecken etwa 15 Minuten goldbraun backen. Die fertigen Schnecken zügig mit der Honigglasur einpinseln, sobald sie aus dem Ofen kommen. Noch warm servieren.

Zitronen-Focaccia

ROHHONIG ODER MIT KNOBLAUCH FERMENTIERTER HONIG

Salzzitronen sind eine fantastische Zutat. Während ich die Früchte aus dem Glas nehme, kurz unter fließendem Wasser abspüle, auf das Schneidebrett lege und in kleine geleeartige Scheiben schneide, erfüllt ihr herzhaft-aromatischer Duft die ganze Küche. Bei dieser Focaccia drücke ich die eingelegten Zitronenstücke sanft in den weichen, mit Kräutern gewürzten Teig, bevor ich sie mit Knoblauchhonig und Olivenöl beträufle – Sonnenschein vom Backblech!

Den Vorteig am frühen Vorabend ansetzen. Dazu Honig und Hefe in einer Schüssel mit 250 Milliliter warmem Wasser lösen und gründlich mit dem Mehl vermengen. Der Vorteig sollte recht flüssig sein. Nach Bedarf 25 bis 50 Milliliter Wasser mehr einrühren. Den Teig zugedeckt bei Zimmertemperatur etwas mehr als 2 Stunden gehen lassen, bis er anfängt, Blasen zu werfen und nach Hefe duftet. Jetzt den Teig zubereiten. (Sollte die gesamte Oberfläche des Teigs allerdings schon mit Blasen bedeckt sein, ist der Teig überreif und muss erneut angesetzt werden.)

Hefe und Rohhonig in einer Schüssel in 150 Milliliter Wasser lösen und den Vorteig einrühren. Mehle und Salz darübersieben und gründlich einarbeiten. Den Teig mindestens 5 Minuten (höchstens jedoch 10 Minuten) kneten. (Da ich keine Küchenmaschine mit Knethaken verwende und der Teig sehr feucht ist, knete ich ihn in der Schüssel mit leicht mit Öl gefetteten Händen. Ich greife dazu unter den Teig, ziehe ihn sanft nach oben und dehne und falte ihn, dann drehe ich die Schüssel ein wenig und wiederhole den Vorgang.)

Den Teig in eine mit Öl eingefettete Schüssel geben, sobald er geschmeidig ist und leicht zurückfedert, dann mit einer mit Öl gefetteten Frischhaltefolie bedecken und über Nacht im Kühlschrank gehen lassen.

Den Teig am Morgen aus dem Kühlschrank nehmen und 1 Stunde zimmerwarm werden lassen. In den darauffolgenden 90 Minuten den Teig alle 20 bis 30 Minuten (insgesamt drei Mal) durch sanftes Auseinanderziehen, Einfalten und Wenden kneten und strecken. Den Teig am Ende so einfalten und über die Arbeitsfläche ziehen, dass die Nahtseite unten ist und er eine glatte Kugel ergibt.

Die Teigkugel auf ein mit Öl eingefettetes Backblech setzen und den Teig sanft auseinanderdrücken und -dehnen, bis er das Blech ausfüllt. Mit einer mit Öl gefetteten Frischhaltefolie abdecken und weitere

Ergibt 1 Focaccia

Für den Vorteig

1 TL Rohhonig

2,5 g frische Hefe

250 g backstarkes Weizenmehl Type 550 oder Type 812

Für den Teig

2,5 g frische Hefe

1 TL Rohhonig

ca. 500 g Vorteig (siehe oben)

150 g backstarkes Weizenmehl Type 550 oder Type 812

100 g Mehl Type 00

1 gestr. TL feines Meersalz

etwas Olivenöl, zum Einfetten

Für den Belag

2 Salzzitronen, je in 8 Spalten geschnitten und entkernt

grobes Meersalz

2 Zweige frischer Rosmarin

mit Knoblauch fermentierter Honig (siehe S. 62)

reichlich natives Olivenöl extra

Zum Servieren

Dip aus Labneh (liban. Frischkäse)

30 Minuten gehen lassen. In der Zwischenzeit den Belag vorbereiten.

Für den Belag die Salzzitronenspalten und Meersalz bereitstellen und die Rosmarinnadeln abzupfen. Die Frischhaltefolie vom Teig nehmen, Zitronenspalten und Rosmarinnadeln mit den Fingerspitzen sanft in den Teig drücken und mit Salz bestreuen.

Den Backofen auf höchste Stufe (möglichst 250 °C oder mehr) vorheizen. Eine ofenfeste Schale mit heißem Wasser in den Backofen stellen, um Dampf zu erzeugen. Dann warmes Wasser und 1 Teelöffel Salz in eine Sprühflasche geben und schütteln, bis das Salz gelöst ist. Die Spühflasche bereitstellen.

Sobald der Ofen aufgeheizt ist, den Focacciateig abdecken, leicht mit der Salzlake einsprühen und im Ofen 15 Minuten backen.

In der Zwischenzeit den Honig mit einem Teelöffel bereitstellen. Die Focaccia nach 15 Minuten aus dem Ofen nehmen und jedes der Zitronenstücke mit einem Tropfen Honig beträufeln. Das Focacciablech nochmals mit Salzlake besprühen und erneut 5 bis 10 Minuten im Ofen backen, bis sie goldbraun ist.

Die Focaccia noch warm in Stücke schneiden und mit zusätzlichem Honig und mit Olivenöl beträufelt servieren. Labneh als Dip dazu reichen – köstlich!

Süße Safranbrötchen mit Aprikosen

HEIDEHONIG

Kein Zweifel – diese goldgelben Brötchen sind ein Genuss. Geschmacklich liegen sie irgendwo zwischen Cornish Saffron Buns und schwedischen Lussekatter, haben als aromatische Zugabe jedoch Aprikosen und Zitrusschale statt Rosinen oder Sultaninen in sich. Man kann die Brötchen, wenn sie heiß aus dem Ofen kommen, natürlich auch mit Honig glasieren, aber das macht sie klebrig, weshalb ich Eiglasur bevorzuge. Am besten schmecken sie aufgeschnitten und getoastet, mit gesalzener Butter oder mit Clotted Cream zu einer heißen Tasse Tee.

Ergibt 10 Brötchen

1 große Prise Safranfäden

300 ml Vollmilch

75 g Heidehonig

7 g Trockenhefe (1 Pck.)

75 g ungesalzene Butter, zerlassen

1 Ei, verquirlt, plus ein verquirltes Ei als Glasur

500 g backstarkes Weizenmehl Type 550 oder Type 812

1 TL Salz

getrocknete, gehackte Aprikosen, Orangeat und Zitronat (ca. 150 g)

neutrales Öl, zum Einfetten

Den Backofen auf 150 °C vorheizen.

Den Safran in eine kleine Auflaufform geben und im vorgeheizten Ofen 10 bis 15 Minuten rösten.

Die Milch in einem Topf dampfend erhitzen. Vom Herd nehmen, den gerösteten Safran hineinbröseln, verrühren und 10 Minuten quellen lassen. Danach zügig Honig und Hefe einrühren und etwa 10 Minuten stehen lassen, bis die Hefe aktiviert ist (es entstehen Bläschen). Zum Schluss die zerlassene Butter und das verquirlte Ei einrühren und gründlich verquirlen.

Mehl und Salz in eine große Rührschüssel sieben und eine Mulde in die Mitte drücken. Die Flüssigzutaten in die Mulde gießen. Alles mit einer Gabel zu einem Teig vermengen und anschließend gründlich kneten. Den Teig auf eine leicht bemehlte oder mit Öl gefettete Arbeitsfläche (ich bevorzuge eine mit Öl gefettete Fläche) legen und leicht auseinanderdehnen. Die gehackten Trockenfrüchte darauf verteilen und etwa 5 Minuten durchkneten, bis der Teig elastisch ist und die Fruchtstücke gleichmäßig verteilt sind. Den Teig in die leicht mit Öl gefettete Schüssel zurückgeben und zugedeckt bei Zimmertemperatur 45 bis 60 Minuten gehen lassen, bis er sein Volumen verdoppelt hat und beim Antippen leicht zurückfedert.

Ein Backblech mit Backpapier auslegen. Den Teig auf der Arbeitsfläche leicht ausrollen und in zehn gleich große Stücke teilen. Die Teigstücke zu Kugeln formen und mit Abstand auf das Backblech legen. Zugedeckt weitere 30 Minuten gehen lassen, bis die Teiglinge ihr Volumen verdoppelt haben.

Den Backofen nun auf 200 °C vorheizen.

Die Teiglinge mit der Eiglasur bestreichen und im vorgeheizten Ofen 20 Minuten backen, bis sie goldbraun sind und beim Klopfen auf die Unterseite hohl klingen. Auf einem Gitterrost auskühlen lassen.

Eine Geschichte zweier Babkas

WILDBLÜTEN- ODER ORANGENBLÜTENHONIG

Das Rezept für Babka musste ich einfach in mein Buch aufnehmen. Ich entschuldige mich, weil es derzeit so gut wie in jedem Kochbuch vorkommt. Und das auch mit gutem Grund: Babka schmeckt absolut köstlich. Der jüdische Hefezopf oder Kranzkuchen hat eine viele Jahrhunderte alte Geschichte. Erst durch die US-amerikanische Serie »Seinfeld« in den 1990er Jahren und durch eine Version von Yotam Ottolenghi entstand der Hype, der sich heute um das Gebäck dreht. Traditionell aus den Teigresten für Challa (Sabbatbrot) gebacken, werden Babkas heute oft wie Brioche mit Butter zubereitet und mit jeglicher Füllung versehen, die man sich vorstellen kann. Eine Babka ist etwas Tolles, und ich staune jedes Mal, wenn sie appetitlich aus ihrer Kastenform kommt und beim Anschneiden ihre feine Marmorierung aus weichem Teig und Füllung enthüllt. Warum nicht gleich zwei Babkas backen, wenn man schon einmal dabei ist? Hier sind meine Babka-Geschmacksvarianten. Um sich nicht für eine Variante entscheiden zu müssen, empfehle ich, beide auszuprobieren.

Pistazien-Babka mit Rosenwassersirup

Die Mehle in einer Rührschüssel mit Zucker, Salz und Hefe vermengen. Das Ei in einer zweiten Schüssel mit Honig und Milch verquirlen. Die Nasszutaten zu den Trockenzutaten geben und entweder in einer Küchenmaschine mit dem Knethaken 5 Minuten verkneten oder zuerst mit einem Teigschaber und dann von Hand in einer Rührschüssel. Nach 5 Minuten stückweise die weiche Butter einarbeiten und weiterkneten, bis der Teig weich und geschmeidig ist und leicht zurückfedert. Den Teig zu einer Kugel formen und mit einer mit etwas Öl gefetteten Frischhaltefolie abdecken. Über Nacht im Kühlschrank gehen lassen.

Den Teig am nächsten Morgen aus dem Kühlschrank nehmen und in etwa 1 Stunde zimmerwarm werden lassen. In der Zwischenzeit die Füllung vorbereiten.

Für die Füllung die Butter in einem Topf zerlassen und den Honig einrühren, dann beides in einer Schüssel gründlich mit Pistazien, Zimt und Kardamom verrühren und beiseitestellen.

Die Kastenform mit Butter leicht einfetten und mit Backpapier auslegen (das Backpapier hält mit der Butter besser). Die Arbeitsfläche und die Teigrolle leicht bemehlen. Den Teig ausrollen (ca. 40 × 30 cm), quer auslegen und mit der Füllung bestreichen. Den Teig dann von der schmalen Kante aus gleichmäßig aufrollen. Ist der Teig beim Arbeiten sehr weich geworden, nochmals 15 Minuten im Gefrierschrank fest werden lassen. Die Enden der Rolle sauber abschneiden, sodass die Spirale sichtbar wird. Die Rolle längs in zwei Stränge schneiden.

Ergibt 1 Babka

150 g backstarkes Weizenmehl Type 550 oder Type 812

150 g Weizenmehl Type 405

25 g Kristallzucker

1 große Prise Salz

7 g Trockenhefe (1 Pck.)

1 Ei (Größe L), plus 1 Ei, mit ein wenig Vollmilch verquirlt als Glasur

25 g flüssiger Honig

100 ml warme Vollmilch

120 g weiche, ungesalzene Butter

Öl, zum Einfetten der Folie

Für die Füllung

50 g Butter, plus etwas mehr zum Einfetten der Form

75 g Wildblütenhonig

150 g Pistazienkerne, gehackt

½ TL gemahlener Zimt

½ TL gemahlener Kardamom

Die beiden Stränge von einem Ende her vorsichtig und locker zu einem Zopf verdrillen, ohne den Teig zu strecken. Dabei entweder die glatte Außenseite der Spirale oben lassen oder die Stränge so verdrehen, dass die Füllung sichtbar ist. Die verdrillten Stränge sollten kürzer werden, nicht länger. Die Enden unterschlagen und den Zopf in die vorbereitete Kastenform legen. Die Form mit einer mit Öl eingefetteten Frischhaltefolie bedecken und den Teig etwa 90 Minuten gehen lassen, bis er sein Volumen verdoppelt hat.

Den Backofen auf 200 °C vorheizen.

Den Kuchen leicht mit der Eiglasur bestreichen und auf mittlerer Schiene in den vorgeheizten Ofen geben. Die Ofentemperatur sofort auf 180 °C reduzieren und die Babka 25 Minuten backen. Dann mit Backpapier abdecken, damit sie nicht zu dunkel wird, und bei 160 °C weitere 25 Minuten backen, bis an einem in die Mitte gesteckten Holzspieß kein Teig mehr kleben bleibt.

Während die Babka im Ofen ist, den Rosenwassersirup vorbereiten. Dazu den Honig mit Zucker und 50 Milliliter Wasser in einem Topf schäumend erhitzen, aber nicht aufkochen. Sofort vom Herd nehmen, leicht abkühlen lassen und Rosenwasser und Zitronensaft einrühren. Abkühlen lassen.

Die fertige Babka aus dem Ofen nehmen und mit dem Sirup übergießen. In der Backform 20 Minuten ruhen lassen, dann auf einen Gitterrost stürzen und vor dem Servieren völlig auskühlen lassen.

Für den Rosenwassersirup

50 ml Wildblütenhonig

50 g Kristallzucker

1½ TL Rosenwasser

1 Spritzer Zitronensaft

Außerdem

1 Kastenform für 1 l Volumen (z. B. 30 × 11 × 8 cm)

Mandel-Schokoladen-Babka mit Blutorangensirup

Den Teig wie für die erste Version zubereiten und nur die Füllung und den Sirup entsprechend anpassen.

Für die Füllung Butter und Schokolade in einer hitzebeständigen Schüssel über einem Topf mit köchelndem Wasser schmelzen, ohne dass die Schüssel das Wasser berührt. Gemahlene Mandeln, Mandelmus, flüssigen Honig, Orangenschale und Kakaopulver einrühren und alles gut vermengen. Abkühlen lassen.

Für den Sirup den warmen Honig mit Zucker und Blutorangensaft in einem Topf schäumend erhitzen, aber nicht kochen. Dann sofort vom Herd nehmen und leicht abkühlen lassen. Orangenblütenwasser und Zitronensaft einrühren und völlig auskühlen lassen.

Für die Füllung

50 g Butter

85 g Zartbitterschokolade

30 g gemahlene Mandeln

30 g reines Mandelmus

75 g flüssiger Honig

abgeriebene Schale von 2 unbehandelten Blutorangen

30 g Kakaopulver

Für den Sirup

50 ml Orangenblütenhonig

50 g Kristallzucker

50 ml Blutorangensaft

1 TL Orangenblütenwasser

1 Spritzer Zitronensaft

Außerdem

1 Kastenform für 1 l Volumen (z. B. 30 × 11 × 8 cm)

Wabenbrot – Khaliat (al) Nahal

AKAZIENHONIG

Dieses orientalische Wabenbrot besteht aus luftigen, köstlichen Brötchen. Sie sind klein genug, um sie als Happen in den Mund zu schieben, und so greift man mit der Hand üblicherweise schon nach dem zweiten Brötchen, bevor das erste ganz gegessen ist. Mit etwas mildem Käse gefüllt und mit einer Safran-Honigglasur, die beim Hineinbeißen leicht knackt, ist dieses Gebäck wirklich perfekt. Die Teigbällchen werden dicht aneinander in die Backform gesetzt, sodass beim Backen die typische Wabenform entsteht. Der arabische Name Khaliat (al) Nahal bedeutet übersetzt so viel wie »Bienenstock« oder »Bienenwabe«. Traditionell wird für die Käsefüllung Labneh, ein libanesischer Frischkäse, verwendet. Labneh ist mehr oder weniger entwässerter Joghurt und lässt sich einfach selbst herstellen (dazu eine großzügige Prise Salz in griechischen Joghurt einrühren und in einem Passiertuch über einer Schüssel 12 bis 48 Stunden abtropfen lassen, bis der Frischkäse seine Form hält).

Wer noch nie mit feuchtem Teig gearbeitet hat und (wie ich) keine Küchenmaschine mit Knethaken besitzt, sollte nicht der Versuchung verfallen, mehr Mehl zuzugeben, um den Teig leichter handhabbar zu machen. Die Feuchtigkeit macht ja gerade diese Brötchen so fluffig. Statt auf der Arbeitsfläche ein Desaster anzurichten (ich spreche aus Erfahrung!), ist es besser, den Teig in einer Schüssel mit der Teigkarte oder dem Teigschaber durchzuheben und zu kneten. Ich habe mir die Technik in einem Jack-Sturgess-Video auf YouTube (»Bake with Jack«; How-to-knead-a-super-wet-dough) abgeschaut. Sie ist einfacher und stellt sicher, dass die Brötchen auch bei noch eher unerfahrenen Bäcker:innen gelingen.

Die Mehle mit Zucker, Salz und Hefe in einer Rührschüssel vermengen. Das Öl in einem Messbecher mit der zerlassenen Butter, Joghurt, Milch und Ei gründlich verquirlen und zu den Trockenzutaten gießen. Alles mit einem Holzkochlöffel gut vermengen.

Den Teig mit einer Teigkarte oder einem Teigschaber 10 Minuten dehnen und falten, die Schüsselränder dabei immer wieder sauber kratzen und die Schüssel stückweise weiterdrehen. Den Teig zugedeckt bei Zimmertemperatur 60 bis 90 Minuten gehen lassen, bis er sein Volumen fast verdoppelt hat.

Zwei Kastenformen oder eine Springform mit Backpapier auslegen. Den Teig leicht ausrollen, in Portionen teilen und Teigbällchen formen, die etwas kleiner als Golfbälle sind. Die Bällchen in der Handfläche flach drücken. Mit einem Messer 1 bis 2 Zentimeter große Stückchen Frischkäse abstechen und mittig auf die Teigscheiben setzen.

Fortsetzung Seite 162

Ergibt 30 Brötchen

240 g backstarkes Weizenmehl Type 550

240 g Weizenmehl Type 405

3 EL Puderzucker

½ TL feines Meersalz

1½ TL Trockenhefe

2 EL neutrales Öl

6 EL Butter, zerlassen und abgekühlt

2 EL Naturjoghurt

250 ml Vollmilch

1 Ei, plus 1 Ei mit ein wenig Vollmilch verquirlt für die Glasur

200 g Doppelrahmfrischkäse oder Labneh (liban. Frischkäse), gekühlt

Für die Glasur

1 Prise Safranfäden

60 g Kristallzucker

2 EL Akazienhonig

Außerdem

2 Kastenformen oder 1 große Springform (30 cm ⌀)

Den Teig mit den Fingern um den Frischkäse herum vorsichtig verschließen und zu Bällchen formen. Die Teiglinge dicht an dicht in einer Lage in versetzten Reihen in die Kastenformen oder in die Springform setzen (die einzelnen Teiglinge haben nun die Form eines Hexagons). Die Teiglinge in den gefüllte(n) Backform(en) zugedeckt erneut 30 bis 60 Minuten gehen lassen, bis sie schön gerundet sind.

In der Zwischenzeit die Glasur zubereiten. Dazu den Safran in einer trockenen Pfanne bei mittlerer Hitze rösten, bis er duftet. Den Zucker mit 30 Milliliter Wasser in einem Topf erhitzen, bis der Zucker gelöst ist, dann den Safran hineinbröseln. Den Topf vom Herd nehmen und den Honig einrühren. Beiseitestellen und vollständig abkühlen lassen.

Den Backofen auf 180 °C vorheizen.

Die Teiglinge in Wabenform mit der Glasur bestreichen und im vorgeheizten Ofen etwa 20 Minuten goldbraun backen. Das/die noch heißen Wabenbrot(e) gleichmäßig mit der Glasur übergießen und in der/den Form(en) 30 Minuten ziehen und abkühlen lassen, dann aus der/den Form(en) stürzen.

Maronen-Madeleines mit Honig und Orangenglasur

EICHENHONIG

Madeleines erleben bei mir gerade eine Renaissance. Als Kind waren das für mich klebrig-süße, gummiartige Küchlein, die ich im Urlaub in Frankreich möglichst schnell aus ihrer Plastikhülle direkt in den Mund schob. Ich bin sicher, wir haben nie frische Madeleines aus der Bäckerei geholt. Die Madeleines meiner Kindheit waren lecker, hatten aber wirklich nichts mit den Madeleines gemein, die frisch aus dem Ofen kommen. Aber selbst die habe ich lange verschmäht, da sie leicht trocken aussahen und unspektakulärer erschienen als ihre schickeren Feingebäck-Geschwister. Aber dann kamen meine Freundinnen Jess und Alex zu Besuch. Jess backte göttliche Madeleines aus »The Violet Bakery Cookbook« (2015) von Claire Ptak. Und so kamen kleine, frisch gebackene Madeleines in mein Leben.

Dieses Rezept basiert auf dem Standardrezept mit Butter, Ei, Mehl und Zucker zu gleichen Teilen, das Claire Ptak verwendet. Ich habe es mit ein wenig brauner Butter ergänzt, nachdem ich an einem Samstagvormittag bei der Flor Bakery in London brillante Financiers, diese kleinen französischen Mandelküchlein, mit brauner Butter entdeckte. Achtung: Wenn die Madeleines mal nicht so schön aufgehen, sollte man zuerst prüfen, ob das Backpulver abgelaufen ist, und darauf achten, dass Form und Teig vor dem Backen gut gekühlt sind.

Ergibt 12 Madeleines

100 g Butter, plus etwas mehr zum Einfetten

1½ EL Eichenhonig

75 g Mehl Type 00, gesiebt, plus etwas Mehl zum Bestäuben

25 g Kastanienmehl, gesiebt

1 große Prise gemahlener Ingwer

1 große Prise feines Meersalz

¾ TL Backpulver

2 Eier (Größe L)

100 g Rohrohrzucker

Für die Glasur (nach Belieben)
200 g Puderzucker
2 EL Orangenblütenwasser

Außerdem
1 Madeleine-Form (für 12 Madeleines)

Die Madeleine-Form gründlich mit Butter einfetten, leicht mit Mehl bestäuben und mindestens 30 Minuten vor dem Backen in den Gefrierschrank geben, damit sich die Madeleines später gut aus der Form lösen. (Wer möchte schon, dass sie beim Lösen aus der Form ruiniert werden, wenn sie endlich die ersehnte leichte Wölbung haben.)

Nun die braune Butter zubereiten. Dazu die Butter in einem Topf bei mittlerer Hitze zerlassen und aufschäumen. Sobald sie beginnt, leicht nussig zu duften, ändert sich ihre Farbe. Dann die Butter sofort vom Herd nehmen und schwenken. Das Milcheiweiß ist nun braun geworden und setzt sich am Boden ab. Die Butter vorsichtig in ein hitzebeständiges Gefäß abgießen, den Bodensatz im Topf lassen.

Sobald die Butter abgekühlt ist, den Honig einrühren.

Die beiden Mehle mit dem gemahlenen Ingwer, Salz und Backpulver in einer Rührschüssel vermengen. In einer zweiten Schüssel Eier und Zucker mit einem Schneebesen oder einem elektrischen Handrührgerät schaumig schlagen. Die Honig-Butter unter ständigem Rühren einträufeln, dann die Trockenzutaten gründlich einrühren.

Fortsetzung Seite 165

Den Teig mit Frischhaltefolie abdecken und mindestens 1 Stunde, besser über Nacht (oder bis zu 3 Tage) in den Kühlschrank stellen.

Den Backofen auf 200 °C vorheizen.

In jede Mulde der Madeleine-Form nur einen knappen Esslöffel Teig geben. (Aus Erfahrung kann ich sagen, dass man die Mulden schnell überfüllt. Das passiert mir leider immer noch, da ich oft denke, mehr sei besser – aber nicht bei diesen Madeleines.)

Das Blech in den vorgeheizten Ofen geben und die Madeleines beim Backen mit Adleraugen im Blick behalten, denn sie backen schnell und werden aufgrund der nicht gerade standardmäßigen Zutaten dunkler. Es ist also wichtig, sie herauszuholen, bevor sie zu trocken werden. Nach 10 bis 12 Minuten sollten die Küchlein leicht aufgegangen sein und beim Antippen leicht federn.

In der Zwischenzeit die Glasur, falls gewünscht, zubereiten. Dazu Puderzucker und Orangenblütenwasser in einer Schüssel gründlich verquirlen und bereitstellen.

Die Madeleines aus dem Ofen nehmen und 2 Minuten in der Form abkühlen lassen. Danach die Plätzchen mit einer Gabel vorsichtig in der Form wenden und abkühlen lassen. Die Madeleines in die Zuckerglasur tauchen und am besten noch warm essen.

Süditalienische Scauratielli

ORANGENBLÜTENHONIG

Die Region an der Südküste Italiens hieß in der römischen Antike Magna Graecia (Großgriechenland). Diese Landschaft hat eine lange griechische Geschichte, die bis in das 8. Jahrhundert v. Chr. zurückreicht. Schon im Altertum bereitete man zur Wintersonnenwende Leckereien aus Honig zu, um das neue Jahr zu begrüßen, und noch heute backen die Bewohner an der Amalfi-Küste nahe der antiken Stadt Paestum am Vorweihnachtsabend Scauratielli. Dieses Gebäck in Form der griechischen Buchstaben Alpha und Omega symbolisiert das Ende des alten und den Beginn des neuen Jahres. Scauratielli (»scaurare« bedeutet »kochen«) bestehen lediglich aus Mehl und aromatisiertem, gekochtem Wasser. Sie werden wie Brandteig zubereitet, ausgebacken und mit Honig beträufelt. Das verwendete Wasser kann man ganz nach Lust und Laune aromatisieren, zum Beispiel mit Limoncello, Lorbeer, Rosmarin oder Orangenblütenwasser. Gern wird das Gebäck mit Zuckerstreuseln dekoriert. Ich bevorzuge geröstete Gewürze.

Ergibt etwa 20 Scauratielli

1 unbehandelte Orange oder Bergamotte (Zitrusfrucht aus der süditalienischen Region Kalabrien)
1 Rosmarinzweig
1½ TL Kristallzucker
1 Prise Salz
½ TL Amaretto
¼ TL Orangenblütenwasser
250 g Weizenmehl Type 00 oder 405, gesiebt
Pflanzenöl, zum Ausbacken und etwas zum Einfetten der Arbeitsfläche

Zum Verzieren
1 TL Fenchelsamen
1 TL Kümmelsamen
¼ TL gemahlener Zimt
100 ml Orangenblütenhonig

Die Schale der Orange oder Bergamotte mit einem Sparschäler abziehen und in einen großen Topf mit Rosmarin, Zucker, Salz und 250 Milliliter Wasser geben. Aufkochen lassen und 8 Minuten köcheln.

In der Zwischenzeit Fenchel- und Kümmelsamen zum Verzieren in einer trockenen Pfanne rösten, bis sie duften. Dann in einem Mörser grob zerstoßen. Mit dem Zimt vermengen und beiseitestellen.

Zitrusschalen und Rosmarin aus dem Sud nehmen und entsorgen. Amaretto und Orangenblütenwasser in den kochenden Sud einrühren und das Mehl in einem Schwung hineingeben. Mit einem Kochlöffel auf dem Herd zu einer Paste verschlagen. Kräftig weiterrühren, bis die Masse sich von der Topfwand löst, dann vom Herd nehmen.

Den Teig auf einer leicht mit Öl gefetteten Arbeitsfläche in vier gleich große Stücke teilen und zu Bällchen formen. Das erste Bällchen vorsichtig (der Teig ist heiß!) zu einer langen, etwa 1 cm dünnen Kordel ausrollen. Ein Stück (ca. 15 cm) abschneiden, zu einer Schlaufe legen und 1 Zentimeter oberhalb der Enden zusammendrücken, sodass sich der Buchstabe Alpha ergibt. Dann ein 25 Zentimeter langes Stück für das Omega abschneiden, beide Enden nach innen zu Schlaufen legen und ebenfalls leicht andrücken (siehe Abb. rechte Seite). Den Teig zu Alphas und Omegas formen und die Stücke auf Backpapier legen.

Einen hohen Topf etwa zur Hälfte mit Öl füllen und bei mittlerer Hitze heiß werden lassen. Um zu prüfen, ob das Öl heiß genug ist, ein Teigstück ins Öl geben. Es sollte in 5 Minuten hellgolden und knusprig werden. Die Teigbuchstaben portionsweise ausbacken. Auf einem mit Küchenpapier ausgelegten Gitterrost abtropfen lassen. Mit Honig beträufeln, mit der Gewürzmischung bestreuen und warm servieren.

Loukoumades – griechische Krapfen

GRIECHISCHER THYMIANHONIG

Diese Hefekrapfen haben eine illustre Vergangenheit. Angeblich wurden die Sieger der ersten Olympischen Spiele mit ihnen belohnt – und das älteste bekannte Rezept für Loukoumades stammt aus einem arabischen Kochbuch von 1226. Die griechische Bezeichnung Loukoumades leitet sich vom Arabischen »luqma« ab, was so viel wie »den Mund voll« bedeutet, da die Bällchen die ideale Größe haben, um sie sich in den Mund zu stecken. Von Griechenland über die Türkei (hier sind sie als Lokma bekannt), Ägypten, Irak und Iran (dort heißen sie Luqma oder Zalabiyeh) bis Indien wird diese Art von Gebäck seit vielen Jahrhunderten gegessen. Die spezielle Technik, mit der die Krapfen geformt werden, ist eine honigsüße, klebrige Angelegenheit, macht aber Spaß und ist genau mein Ding. Die Loukoumades werden aufgetürmt und mit Honig beträufelt serviert – und schmecken nach mehr!

Ergibt etwa 30 Loukoumades

100 ml warme Vollmilch

1 EL Kristallzucker

7 g Trockenhefe (1 Pck.)

250 g Weizenmehl Type 405

¼ TL feines Meersalz

Pflanzenöl, zum Ausbacken und etwas Öl zum Teigabstechen

Zum Servieren

100 g griechischer Thymianhonig

50 g Walnusskerne, fein gehackt

1 TL gemahlener Zimt

Die Milch in einer Schüssel mit 100 Milliliter warmem Wasser, Zucker und Hefe verquirlen, dann mit Mehl und Salz zu einem geschmeidigen Teig verrühren. Zugedeckt etwa 1 Stunde an einem warmen Ort gehen lassen, bis der Teig sein Volumen fast verdoppelt hat und Blasen wirft.

Der Teig sollte feucht sein, aber dick genug, dass sich beim Zusammendrücken eines Teigstücks mit der Hand zwischen Daumen und Zeigefinger eine Kugel hervorwölbt, die man abstechen kann (siehe Abb. S. 169).

Einen hohen Topf zu maximal zwei Dritteln mit Öl füllen und bei mittlerer Hitze heiß werden lassen. Das Öl ist heiß genug, wenn es beim Eintauchen eines kleinen Probestücks Teig sofort zu brutzeln beginnt. Während das Öl heiß wird, einen Gitterrost mit Küchenpapier bedecken und einen Esslöffel, eine Schale mit Öl und einen Schaumlöffel bereitstellen. Rechtshänder stellen den Teig links neben den Herd neben den Topf mit dem heißen Öl und greifen mit der linken Hand in den Teig, während die rechte zwischen dem Löffel zum Abstechen der Bällchen und dem Schaumlöffel wechselt. Den Gitterrost rechts platzieren, um die fertigen Bällchen mit dem Schaumlöffel dort ablegen zu können.

Sobald das Öl heiß ist, mit der linken Hand in den Teig greifen und zwischen Daumen und Zeigefinger eine golfballgroße Teigkugel herausdrücken. Mit der rechten Hand den Löffel in die Schale mit Öl tauchen, die Teigkugel damit abstechen und vorsichtig ins heiße Öl gleiten lassen. Den Löffel erneut in das Öl tauchen und die nächste Kugel abstechen. So lange fortfahren, bis der Topf voller brutzelnder Teigkugeln ist. Die Kugeln mit dem Schaumlöffel wenden. Sobald sie goldbraun sind, herausheben und auf dem Rost abtropfen lassen. Die Krapfen auf einen Teller häufen, mit Honig beträufeln und mit Nüssen und Zimt bestreut servieren. Sie schmecken köstlich zu Eiscreme.

Paprenjaci – kroatische Pfefferkuchen

AKAZIENHONIG

Honig und Walnüsse spielen bei den Paprenjaci aus Kroatien eine große Rolle. Die Mischung aus Gewürznelken, Zimt und Muskatnuss passt ausgezeichnet zu Fruchtkompott und Sahne. Ich verwende sie gern zu Amarettoeis mit Honigfeigen (siehe S. 220) und baue daraus ein Eis-Sandwich oder stoße ein Loch hinein und fädle die Paprenjaci als Weihnachtsdeko auf eine Kordel. Beim Zerkleinern der Haselnusskerne ist es wichtig aufzuhören, bevor das Öl austritt, denn sonst verändert sich die Textur der Plätzchen. Ich habe den Teig noch etwas mürber gemacht, damit er noch besser im Mund zergeht. Paprenjaci erhalten ihr Muster traditionell, indem sie in Holzformen gedrückt werden. Ich verwende dafür den Boden von ein paar geschliffenen Punschgläsern, die ich mit Mehl bestäube und in den Teig drücke.

Ergibt etwa 30 Paprenjaci

170 g Weizenmehl 405, plus etwas Mehl zum Bestäuben

30 g Reismehl

50 g Kristallzucker

50 g grob gemahlene Walnusskerne

¼ TL gemahlener schwarzer Pfeffer

¼ TL gemahlene Gewürznelken

¼ TL gemahlener Zimt

¼ TL gemahlene Muskatnuss

½ EL Blütenpollen

1 Prise Salz

frisch abgeriebene Schale von ½ unbehandelten Orange

70 g kaltes Schmalz

70 g kalte Butter

40 g Akazienhonig

1 Eigelb

Die Mehle in eine große Rührschüssel sieben und gründlich mit den restlichen Trockenzutaten und der Orangenschale vermengen. Schmalz und Butter zügig von Hand oder mit der Küchenmaschine einarbeiten, bis die Mischung an Semmelbrösel erinnert. Wird das Fett zu flüssig, die Mischung etwa 10 Minuten in den Gefrierschrank stellen.

Den Honig mit dem Eigelb verquirlen und in die Teigmischung geben. Die Zutaten zügig verkneten und vorsichtig dünn (0,5–0,75 cm dick) ausrollen. Den geschliffenen Boden eines Glases (siehe oben) oder ein Holzmodel mit Mehl bestäuben und auf den Teig drücken. Mit Ausstechern oder dem Glasrand Plätzchen ausstechen, auf ein mit Backpapier ausgelegtes Backblech legen und vor dem Backen etwa 30 Minuten in den Kühlschrank stellen.

Den Backofen auf 125 °C vorheizen.

Die Plätzchen im vorgeheizten Ofen 25 bis 35 Minuten backen, sodass sie durchgebacken, aber nur zart gebräunt sind. Herausheben und auf einem Gitterrost auskühlen lassen.

Baklava

ORANGENBLÜTENHONIG

Pistazien kommen häufig in den süßen Rezepten dieses Buchs vor – ob in Babka (siehe S. 156), Pavlova (siehe S. 194) oder Baklava –, denn sie sind angenehm im Biss, schmecken erdig-nussig, aber auch mild und süßlich und passen hervorragend zu Feingebäck, Honig und Blütenwasser. Das traditionelle Baklava-Rezept habe ich hier um Hibiskus und Blütenpollen ergänzt. Hibiskus verleiht der honigsüßen Blätterteigpastete eine leichte zitronige Note und ergibt eine zartrosa Farbe, während der Pollen duftende Blütennoten mitbringt. Der eingelegte Ingwer ergänzt die klassischen Zutaten Mandeln und Walnüsse und liefert eine wärmende Baklava-Version für kalte Tage.

Pistazien-Baklava mit Hibiskus-Honig–Sirup und Blütenpollen

Zuerst den Hibiskussirup zubereiten. Dazu die Blüten in 350 Milliliter Wasser kochen, bis sie leuchtend rosa sind, dann herausheben, den Zucker ins Wasser einrühren, und 10 Minuten zu Sirup einkochen. Vom Herd nehmen und leicht abkühlen lassen. Anschließend den Honig einrühren und den Sirup auskühlen lassen.

Den Backofen auf 180 °C vorheizen.

Für die Füllung die Trockenzutaten in einer Schüssel gut vermengen, dann den Honig einrühren. Beiseitestellen. Die zerlassene Butter und einen Backpinsel bereitlegen und die Backform einfetten. Ein Blatt Filoteig in die Form legen und den überstehenden Rand abschneiden. Den Teig mit ein wenig zerlassener Butter bestreichen, dann ein zweites Blatt auflegen und ebenfalls mit Butter bestreichen. Wiederholen, bis acht Schichten Teig mit Butter bestrichen sind. Nun die Hälfte der Füllung auf dem Teig verteilen und fest andrücken. Weitere acht Teigblätter wie zuvor beschrieben darauflegen und mit der restlichen Füllung bestreichen. Zum Schluss mit acht Blättern Teig wie beschrieben bedecken. Das oberste Blatt nochmals mit Butter einpinseln und mit einem scharfen Wellenschliffmesser (ich nehme gern mein Tomatenmesser) diagonal durch alle Schichten hindurch zu Rauten schneiden.

Die Baklava im vorgeheizten Ofen etwa 35 Minuten backen (die Baklava ist fertig, wenn die Teigblätter goldbraun gefärbt sind). Aus dem Ofen nehmen und entlang der rautenförmigen Schnitte mit dem Sirup übergießen. Den Sirup 8 Stunden oder über Nacht einziehen lassen. Die Baklava vor dem Servieren mit gehackten Pistazienkernen und Blütenpollen bestreuen.

Ergibt 1 Backblech Baklava

200 g Butter, zerlassen

Filoteig (24 Teigblätter)

Für die Füllung

300 g ungesalzene Pistazienkerne, fein gehackt, plus 2 EL Pistazienkerne zum Bestreuen

100 g Blütenpollen, plus 1 EL Blütenpollen zum Bestreuen

½ EL gemahlener Zimt

1 Prise Meersalz

2 EL Orangenblütenhonig

Für den Hibiskussirup

4 g getrocknete Hibiskusblüten (am besten aus dem Gewürzhandel oder Teeladen)

175 g Kristallzucker

175 g Orangenblütenhonig

Außerdem

1 Backform (23 × 30 cm)

Mandel-Walnuss-Baklava mit Ingwer und Orangenblüten-Honig-Sirup

Für den Sirup den Zucker in 350 Milliliter Wasser lösen, den Ingwersirup einrühren und 10 Minuten köchelnd einkochen. Vom Herd nehmen und leicht abkühlen lassen, dann den Orangenblütenhonig und das Orangenblütenwasser einrühren und auskühlen lassen.

Die Zutaten für die Füllung gründlich in einer Schüssel vermengen und die Baklava wie im Rezept auf der linken Seite beschrieben zubereiten und backen. Zum Schluss die Blätterteigpastete mit den gehackten Manden bestreuen und servieren.

Ergibt 1 Backblech Baklava

200 g Butter, zerlassen

Filoteig (24 Teigblätter)

Für die Füllung

250 g ungesalzene Mandelkerne, fein gehackt, plus 2 EL Mandelkerne zum Bestreuen

100 g Walnusskerne, fein gehackt

4 Stücke eingelegter Ingwer, fein gehackt

1 TL gemahlener Zimt

1 große Prise feines Meersalz

Für den Sirup mit Orangenblütenhonig

125 g Kristallzucker

50 g Sirup des eingelegten Ingwers aus dem Glas

175 g Orangenblütenhonig

2 EL Orangenblütenwasser

Marokkanische Halwa Chebakia

ORANGENBLÜTENHONIG

Diese hübschen Plätzchen aus Marokko werden häufig während des Ramadan zu Iftar (Fastenbrechen) bei Sonnenuntergang oder zu besonderen Anlässen gegessen. Ich bin durch die Food-Autorin Christine Benlafquih auf sie gestoßen. Christine berichtet seit gut 20 Jahren über die marokkanische Küche und teilt großzügig ihre Rezeptideen online. Sie hat mir freundlicherweise erlaubt, dieses Rezept für Marokkanische Halwa Chebakia und das Rezept für Marokkanische Mandel-Briouats (siehe S. 181) in mein Buch aufzunehmen. Chebakia werden zu zarten Blüten geformt. Die Technik sieht aufwendig aus, ist aber nicht schwer, sobald man den Dreh einmal raushat. Der gewellte Rand entsteht durch ein gewelltes Teigrad oder spezielle Chebakia-Ausstecher. Die kunstvollen Gebäckstücke sehen nicht nur schön aus, sondern schmecken fein nach Orangenblüten. Sie werden ausgebacken, in Honig gewendet und mit Sesam bestreut – wie könnte man hier widerstehen?

Die Mastixkugel, falls verwendet, mit Zucker und Safran in einem Mörser zerstoßen. Die Sesamsamen dazugeben und weiter zermahlen, bis das Sesamöl austritt und eine feuchte Paste entsteht.

Die Paste in einer Rührschüssel gründlich mit dem Mehl und den restlichen Trockenzutaten vermengen. Dann das Ei und die restlichen Zutaten einarbeiten und alles zu einem zähen Teig verarbeiten. Den Teig 5 bis 10 Minuten gründlich kneten, bis er geschmeidig ist und elastisch, dann in zwei Portionen teilen und unter Frischhaltefolie 15 Minuten ruhen lassen.

Eine Teigportion auf einer leicht bemehlten Arbeitsfläche zu einem sehr dünnen Quadrat (ca. 2 mm dick) ausrollen. Ist kein Chebakia-Ausstecher oder -Roller vorhanden, teilt man den Teig mit einem Teigrad in etwa 10 Zentimeter große Quadrate. Die quadratischen Stücke von der Mitte her jeweils mindestens vier Mal mit dem Teigrad so einschneiden, dass die Schnitte an beiden Enden etwa 1 Zentimeter vor dem Rand enden. Die Quadrate locker mit Frischhaltefolie abdecken, damit der Teig nicht austrocknet.

Fortsetzung Seite 180

Ergibt 24 Chebakia

1 Kugel Mastix (getr. Harz des Mastixstrauchs; im Gewürzhandel oder online erhältlich), nach Belieben

1 große Prise Puderzucker

¼ TL Safranfäden, zerkrümelt

75 g Sesamsamen, vorzugsweise ungeschält, geröstet

250 g Weizenmehl Type 405, plus etwas Mehl zum Bestäuben

¼ TL Backpulver

¼ TL Salz

½ TL gemahlener Zimt

¾ TL gemahlener Anis

¼ TL gemahlene Kurkuma

1 Ei

2 EL zerlassene Butter

2 EL Olivenöl

2 EL Apfelessig

2 EL Orangenblütenwasser

½ TL Trockenhefe, in 2 EL warmem Wasser gelöst

Für das Ausbacken, Glasieren und Verzieren

Öl, zum Ausbacken

250 ml Orangenblütenhonig

1 EL Orangenblütenwasser

Sesamsamen, zum Bestreuen

Außerdem

1 gewelltes Teigrad (Chebakia-Ausstecher bzw. Chebakia-Roller)

1 Küchenthermometer

Nun die Teigstücke zu Blüten falten. Dazu ein Teigquadrat anheben und mit dem Mittelfinger abwechselnd hinter und vor den eingeschnittenen Teigstreifen hindurchfädeln, sodass das Stück auf dem Finger hängt. Nun mit der freien Hand die untere und obere Teigecke zusammendrücken und festhalten. Nun den Teig vom Mittelfinger gleiten lassen und mit der anderen Hand die beiden zusammengedrückten Enden in der Mitte nach oben stülpen. Das wird die Blütenmitte. Die Teigstreifen bilden Schlaufen – die Blütenblätter. Die Teigblüten auf Backpapier legen und die Enden zusammendrücken. Es sollten kleine Rosetten mit gewellten Blättern entstehen (siehe Abb. Seite 179). Die fertigen Blüten mit Frischhaltefolie abdecken.

Wiederholen, bis der gesamte Teig zu Blüten geformt ist.

Einen hohen Topf zu maximal zwei Dritteln mit Öl füllen und bei mittlerer bis starker Hitze heiß werden lassen. Mit einem Küchenthermometer überprüfen, ob das Öl die richtige Temperatur hat (es sollte etwa 175 °C heiß sein).

Während das Öl heiß wird, den Honig in einen Topf geben und bei mittlerer Hitze heiß werden lassen. Sobald der Honig leicht Blasen wirft, vom Herd nehmen und das Orangenblütenwasser einrühren. Der Honig muss während des Ausbackens von Zeit zu Zeit wieder erhitzt werden, damit er heiß und flüssig bleibt.

Das Gebäck nun portionsweise 6 bis 10 Minuten im Öl ausbacken, damit es gar und knusprig wird, ohne zu dunkel zu werden.

Die Chebakia dann mit einem Schaumlöffel herausheben, abtropfen lassen und sofort im heißen Honig wenden. Etwa 5 Minuten im Honig ziehen lassen, bis sie glänzen und appetitlich bernsteinfarben sind. Aus dem Honig heben, mit Sesam bestreuen und vor dem Servieren auskühlen lassen. In einem luftdichten Behälter halten sich die Chebakia bei Zimmertemperatur bis zu einem Monat.

Marokkanische Mandel-Briouats

EUKALYPTUS- ODER ORANGENBLÜTENHONIG

Dies ist Christine Benlafquihs Rezept für Mandel-Briouats, ein traditionelles marokkanisches Honiggebäck, das in ihrer Heimat sehr beliebt ist. Die kleinen Teigtaschen werden mit Warqa-Teig hergestellt, der Filoteig zwar ähnelt, aber dünner und nicht so mürbe ist. Der Teig wird in Form eines kleinen mundgerechten Dreiecks um eine Füllung aus Mandelpaste gewickelt. Statt Warqa-Teig kann man aber auch Filoteig verwenden. Ich nehme dann einfach die doppelte Menge Teigblätter und fette sie mit reichlich zerlassener Butter ein, damit sie beim Falten nicht brechen. Christine empfiehlt, hochwertiges Orangenblütenwasser und einen milden Honig wie Eukalyptushonig zu verwenden. Ich nehme für noch mehr Orangengeschmack einfach einen Orangenblütenhonig. Damit es schneller geht, verwende ich blanchierte Mandeln für die Füllung.

Ergibt 25 kleine Briouats

250 g Warqa- oder
500 g Filoteig

30 g Butter, zerlassen

1 Eigelb, leicht verquirlt

Pflanzenöl, zum Ausbacken

600 g milder Honig, am besten Eukalyptus- oder Orangenblütenhonig, bei Bedarf etwas mehr

½–1 EL Orangenblütenwasser

Sesamsamen, zum Bestreuen (nach Belieben)

Für die Mandelfüllung

200 ml neutrales Öl

500 g blanchierte Mandeln

1 Kugel Mastix (getr. Harz des Mastixstrauchs; im Gewürzhandel oder online erhältlich)

175 g Kristallzucker

¼ TL gemahlener Zimt, plus mehr nach Geschmack

1 Prise Salz

60 g weiche Butter

40 ml Orangenblütenwasser, plus etwas mehr nach Geschmack

Zuerst die Mandelfüllung zubereiten. Dazu das Öl bei mittlerer Hitze in einem Topf heiß werden lassen und die Hälfte der Mandeln darin portionsweise 5 Minuten golden rösten (das Öl sollte nicht zu heiß sein!). Die Mandeln herausheben und auf Küchenpapier abtropfen und auskühlen lassen.

Die Mastixkugel mit 1 Prise Zucker in einem Mörser zermahlen.

Die restlichen Mandeln mit der Hälfte des Zuckers und dem Mastixpulver in einen Standmixer geben und zerkleinern. Dann die gerösteten Mandeln mit dem restlichen Zucker mahlen und beides vermengen.

Zimt, Salz, Butter und Orangenblütenwasser mit der Mandelmischung vermengen und zu einer weichen, geschmeidigen Paste verkneten. Nach Geschmack noch etwas mehr Zimt oder Orangenblütenwasser einkneten. Die Paste zu kirschgroßen Kugeln formen.

Eine Lage Warqa-Teig oder eine doppelte Lage Filoteig mit dem Pizzaschneider oder einem Teigrad in etwa 5 Zentimeter breite Streifen schneiden. Einen Streifen in der Mitte mit etwas zerlassener Butter bestreichen und eine Kugel Mandelfüllung an einem Ende daraufsetzen. Eine Ecke des Teigstreifens an diesem Ende anheben und diagonal über die Füllung zur gegenüberliegenden Längsseite ziehen, sodass sich ein Dreieck ergibt. Die Ränder leicht zusammendrücken. Das Teigdreieck nun über die unten liegende Kante falten.

Auf diese Weise fortfahren. Nach 4 oder 5 Faltungen sollte das andere Ende des Teigstreifens erreicht sein. Wenn nicht, den überstehenden Rest abschneiden. Bei den ersten beiden Faltungen das Dreieck so drücken, dass die Füllung den Teig ganz ausfüllt und keine Luft eingeschlossen ist. Das Teigende mit Eigelb bestreichen und die Teigtasche verschließen.

Fortsetzung Seite 183

Einen hohen Topf maximal zu zwei Dritteln mit Öl füllen und bei mittlerer Hitze heiß werden lassen. Während das Öl heiß wird, den Honig in einem zweiten Topf sanft erhitzen und das Orangenblütenwasser einrühren. Sobald der Honig Blasen wirft, vom Herd nehmen. Ein Backblech mit Gitterrost bereitstellen.

Nun die Briouats portionsweise unter mehrfachem Wenden im heißen Öl 5 bis 7 Minuten goldbraun ausbacken. Geht es schneller, ist das Öl zu heiß (dann Hitze etwas reduzieren). Die fertigen Teigtaschen mit einem Schaumlöffel aus dem Öl heben, abtropfen lasen und anschließend sofort 5 bis 7 Minuten in den heißen Honig einlegen. Da die Einweichzeit genauso lang ist wie die Zeit zum Ausbacken, kann eine Portion im Honig einweichen, während die nächste im Öl schwimmt. Die Taschen dann aus dem Honig heben und auf den Gitterrost setzen und abkühlen lassen. Nach Wunsch mit Sesam bestreuen.

Der Honig muss unter Umständen von Zeit zu Zeit wieder erhitzt werden, damit er schön heiß bleibt. Außerdem sollte ausreichend Honig im Topf sein, um die Taschen darin wenden zu können.

Die Briouats sind servierfertig, sobald sie kühl genug sind, um sie anzufassen. Sofort verzehren. Die restlichen Taschen etwa 1 Stunde ganz auskühlen lassen. In einem luftdichten Behälter halten sie sich bis zu einem Monat. Sie lassen sich aber auch gut einfrieren.

Kastenkuchen

THYMIAN- ODER ORANGENBLÜTENHONIG

Selbst gebackener Kuchen, vor allem Kastenkuchen, bringt einfach mehr Freude ins Leben. Jedes Mal, wenn ich einen Kasten- bzw. Rührkuchen backe, bin ich begeistert, wie einfach und unkompliziert und zugleich wie lecker so ein Kuchen ist – gut in Scheiben zu schneiden und wunderbar lagerfähig, wirklich alltagstauglich. Gut, dass ich das immer wieder über Wochen vergesse, bevor ich den nächsten Kastenkuchen backe, sonst würde ich wahrscheinlich nur noch Kastenkuchen backen und irgendwann die Straße entlangrollen. Ein Kastenkuchen hat genau die richtige Größe für alle, die wie ich allein leben. Große runde Kuchen backe ich, wenn ein Geburtstag ansteht und ich einen Vorwand habe, für Freunde zu backen. Aber für Kastenkuchen braucht man keinen Anlass.

Mandel-Himbeerkuchen mit Thymian

Die Kastenform mit Backpapier auslegen oder besser leicht mit Butter einfetten und mit Puderzucker bestäuben.

Die Thymianblättchen abzupfen und mit Zucker und dem Abrieb der Zitrusschalen in einer Schüssel vermengen. Dabei die Mischung zwischen den Fingerkuppen kräftig reiben, damit die Blättchen und die Schale ihre ätherischen Öle freigeben. Der Zucker bekommt dadurch Farbe und beginnt herrlich zu duften.

Die Himbeeren mit 1 Esslöffel Mehl bestäuben und beiseitestellen.

Den Backofen auf 180 °C vorheizen.

Die Eier in einer Schüssel mit dem Joghurt verquirlen, dann Öl und Honig einrühren. Das restliche Mehl mit Backpulver und Salz in die Schüssel sieben und die gemahlenen Mandeln und den mit Zitrusschale und Thymian aromatisierten Zucker dazugeben. Alles kurz verrühren, dann zwei Drittel der Masse in die Kastenform geben. Die Himbeeren darauf verteilen und anschließend mit der restlichen Masse bedecken. Mit den Mandelblättchen bestreuen und den zusätzlichen Puderzucker darübersieben.

Den Kuchen im Backofen in 25 bis 35 Minuten backen, bis an einem in die Mitte gesteckten Holzspieß kein Teig mehr kleben bleibt.

Ergibt 1 Kastenkuchen

etwas Butter, zum Einfetten der Form

3 Zweige Zitronenthymian

120 g Puderzucker, plus etwas mehr zum Bestäuben der Form und 1 EL mehr für das Topping

frisch abgeriebene Schale von ½ unbehandelten Orange und ½ unbehandelten Zitrone

100 g Himbeeren

125 g Weizenmehl Type 405, plus Mehl zum Bestäuben der Himbeeren

2 Eier

75 g Naturjoghurt

75 g natives Olivenöl extra

2 EL Thymianhonig

1 TL Backpulver

1 Prise Meersalz

75 g gemahlene Mandeln

1 Handvoll Mandelblättchen, geröstet

Außerdem

1 Kastenform (24 × 12 cm)

Orangen-Joghurtkuchen mit Kardamom

Ergibt 1 Kastenkuchen

Den Backofen auf 180 °C vorheizen und die Kastenform mit Backpapier auslegen.

Die Butter mit dem Puderzucker schaumig schlagen, die Eier nach und nach dazugeben und gründlich verquirlen. Dann Honig und Joghurt einrühren, bis alles gründlich vermengt ist.

Das Mehl mit dem Speisenatron in eine Schüssel sieben und mit der Buttermischung gründlich verrühren. Dann Orangenschale und Kardamomsamen einrühren.

Den Rührkuchenteig in die vorbereitete Kastenform geben und gleichmäßig verteilen. Im vorgeheizten Ofen auf mittlerer Schiene 50 bis 55 Minuten backen, bis an einem in die Mitte gesteckten Holzspieß kein Teig mehr kleben bleibt. Den Kuchen aus dem Ofen nehmen und in der Form abkühlen lassen. In der Zwischenzeit den Sirup zum Tränken vorbereiten.

Für den Sirup den Orangensaft mit Zucker und Honig verquirlen. Den Kuchen in der Form lassen und mit einem Holzspieß mehrfach einstechen, dann mit dem Sirup tränken und vollständig auskühlen lassen. In dieser Zeit saugt der Kuchen den Sirup völlig auf.

Den Kuchen aus der Form nehmen und aufschneiden. Kuchenreste halten sich in einem luftdichten Behälter 3 bis 4 Tage.

225 g weiche Butter
100 g Puderzucker
3 Eier
75 g Orangenblütenhonig
70 g Naturjoghurt
225 g Weizenmehl Type 405, mit 3 TL Backpulver vermengt und durchgesiebt
¼ TL Speisenatron
frisch abgeriebene Schale von 1 großen unbehandelten Orange
Samen von 6 Kardamomkapseln, leicht im Mörser zerstoßen

Für den Orangensirup
frisch gepresster Saft von 1 großen Orange, durchgesiebt
25 g Puderzucker
25 g Orangenblütenhonig

Außerdem
1 Kastenform (24 × 12 cm)

Custard Tart

KLEE- ODER HEIDEHONIG

Ich bin ein großer Fan von Custard Tart (Pudding-Tarte). Ich mag sogar die eher geschmacklosen Blätterteig-Törtchen mit Muskat-Garnitur und labberigem Teig, die es in vielen britischen Supermärkten fertig zu kaufen gibt, liebe aber auch eine perfekte portugiesische Pastel de Nata. Das Londoner Restaurant Quality Chop House ist zu Recht für seine Honey-Custard-Tart berühmt, die mir hier als Inspiration diente. Da ich die Füllung teils (oder ganz) aus Schlagsahne rühre statt aus Konditorsahne, wird sie wunderbar zart, hält beim Schneiden gerade zusammen und schmilzt sofort auf der Zunge. Ich karamellisiere sie gern leicht auf der Oberseite, was die Rauchnote des Honigs wunderbar betont. Den Teig habe ich noch mit den für Custard beliebten Gewürzen und Orangenschalen verfeinert. Alles in allem ist meine Kreation ein beeindruckendes Dessert, das die nervenaufreibende Autofahrt wert ist, wenn ich es zu einer Essenseinladung mitnehme und bei jeder kleinste Erschütterung um die Tarte bange.

Wer beim Gedanken, den Boden für die Tarte selbst backen zu müssen, lieber gleich das ganze Vorhaben verwirft, kann fertigen Mürbeteig kaufen und den Zucker, die Gewürze und die Orangenschale einarbeiten (siehe Tipp S. 190), aber ich verspreche, der Boden ist schnell und einfach zuzubereiten. Eigentlich wird er umso besser, je weniger Zeit und Mühe man darauf verwendet, denn der Teig will nicht zu stark verknetet werden. Ich mache es wie das Quality Chop House (QCH) und serviere die Custard Tart mit Ingwer-Crème-fraîche.

Für den Boden die Orangenschale mit dem Puderzucker vermischen. Mehl, Zucker, Ingwer und Muskat in einer großen Schüssel vermengen. Die kalte Butter in kleinen Stücken hineinschneiden und zwischen den Fingern verreiben, bis der Teig an Semmelbrösel erinnert.

Wird die Butter zu warm und beginnt zu schmelzen, die Schüssel 10 Minuten in den Kühlschrank stellen. Vanille und Ei dazugeben und alles zügig zu einer Teigkugel verkneten. Falls der Teig zu trocken ist, wenig Wasser zugeben und verkneten. Die Kugel in Frischhaltefolie einschlagen, leicht flach drücken und 30 Minuten im Kühlschrank ruhen lassen.

Den Teig in zwei Portionen teilen und eine Portion für später einfrieren. Den Teig mit einer Teigrolle sehr dünn (ca. 3 mm dick) ausrollen, sodass er die Tarte- oder Springform auskleidet. Die Form einfetten, den Teig hineinlegen und den überstehenden Rand abschneiden. Die Form mit dem Teig 30 Minuten oder besser über Nacht in den Kühlschrank stellen.

Den Backofen auf 200 °C vorheizen.

Fortsetzung Seite 190

Ergibt 1 Tarte (20 cm ⌀)

Für die Füllung

300 g Schlagsahne, zimmerwarm

200 g Konditorsahne, zimmerwarm

1 Streifen frisch abgeschälte Schale von 1 unbehandelten Zitrone (dazu einen Sparschäler verwenden)

1 Lorbeerblatt

6 Eigelb (Eiweiß für das Baiser auf Seite 194 verwenden)

150 g Honig, davon 1 EL geräucherter Honig (siehe S. 65), der restliche Honig nach Geschmack (ich verwende wie Quality Chop House Klee- oder Heidehonig

Für den Boden (ergibt 2 Böden; den 2. Boden für die nächste Tarte einfrieren)

frisch abgeriebene Schale von 1 unbehandelten Orange

75 g Puderzucker

250 g Weizenmehl Type 405

2 TL gemahlener Ingwer

2 TL frisch geriebene Muskatnuss

125 g kalte Butter, plus etwas mehr zum Einfetten der Form

½ TL Vanilleextrakt

1 Ei

Außerdem

1 Tarte- oder Springform (20 cm ⌀)

1 Küchenthermometer

Die Form aus dem Kühlschrank nehmen. Ein Stück Backpapier zuschneiden, das groß genug ist, um den Teigboden auszukleiden. Das Papier zerknüllen, damit es sich besser formen lässt, in die Form legen, sodass es den Teig abdeckt, und zum Blindbacken gleichmäßig mit Backgewichten (z. B. getrockneten Bohnen oder Erbsen) beschweren. Im vorgeheizten Ofen 15 bis 20 Minuten backen, dann herausholen, das Backpapier mit den Backgewichten entfernen und den Boden weitere 15 bis 20 Minuten im Ofen hellgolden backen. Der Boden sollte keine kräftige Farbe bekommen, damit die Aromen nicht verfliegen. Den Kuchenboden aus dem Ofen nehmen und in der Form belassen. Auf die Seite stellen und die Ofentemperatur auf 160 °C reduzieren.

Die Schlag- und Konditorsahne in einem Topf mit der Zitronenschale und dem Lorbeerblatt auf 50 °C erhitzen (ich benutze hier mein Küchenthermometer zur Kontrolle; aufpassen, dass die Sahne nicht zu heiß wird!), dann vom Herd nehmen.

Die Eigelbe in einer Schüssel mit den Honigen verquirlen, dann die erwärmte Sahne unterschlagen, bis sie anzudicken beginnt. Da sie dabei schäumt, nutze ich einen Schneebesen und rühre von Hand, um die Schaummenge möglichst gering zu halten. Dann die Sahnemischung durch ein Sieb in einen Krug oder Messbecher abgießen. Den Schaum abschöpfen. Nun kann die Sahne bis zur Verwendung im Kühlschrank aufbewahrt oder sofort eingesetzt werden.

Nun den Boden in der Form auf ein Backblech setzen, die Füllung gleichmäßig darauf verteilen und die Tart erneut im vorgeheizten Ofen 45 bis 60 Minuten backen. Die Füllung sollte nach der Backzeit in der Mitte noch instabil sein.

Den Backofengrill vorheizen und die Tarte 5 Minuten unter dem Grill karamellisieren, bis sie kleine dunkle Flecken am Rand bekommt, in der Mitte aber noch nicht fest ist. Aus dem Ofen nehmen und mindestens 1 Stunde auf einem Gitterrost abkühlen lassen, dann servieren.

TIPP: FERTIGER MÜRBETEIG

Den gekauften Fertigteig dünn (ca. 5 mm dick) ausrollen oder auslegen. Den Orangenzucker gleichmäßig darüberstreuen und die Gewürze mit einem Sieb darüber verteilen. Den Teig zusammenfalten, dann den Teig auf die benötigte Größe ausrollen, in die Form einlegen und etwa 30 Minuten im Kühlschrank ruhen lassen. Anschließend wie oben beschreiben verarbeiten.

Tarte Tatin mit Honig

APFELBLÜTENHONIG

Wann ist ein Apfel kein Apfel mehr? Wenn er mit Teig, Zucker und Butter verschmilzt, seinen Anspruch, gesund zu sein, verliert und sich in eine verführerische Karamellwolke verwandelt, die sich Tarte Tatin nennt.

Meinen Weg zur Gärtnerin habe ich als Volontärin in Raymond Blancs Küchengarten des Hotel-Restaurants Le Manoir Aux Quat' Saisons in Great Milton begonnen, wo Raymond und sein Gärtnerteam eine wunderbare Apfelplantage mit 150 Bäumen angelegt haben, von denen mindestens sechs Apfelsorten perfekt für Maman Blancs Tarte Tatin geeignet sind. Ich erinnere mich gern daran, wie ich mit meiner Mutter nach einer Rezeptkarte des Sainsbury's Magazin eine Tarte Tatin gebacken habe. Très chic!

Leider wird vermutlich niemand die Apfelsorten, die Raymond anbaut, in einem Supermarkt finden, aber ich kann Cox Orange, Braeburn und Granny Smith empfehlen – oder eine Kombination aus allen drei. Ich halbiere meine Äpfel gern und lasse die Schale für mehr Biss und Geschmack dran. Wenn man den Zucker komplett durch Honig ersetzt, ergibt das einen luxuriösen Geschmack und ein köstlich blumiges Aroma. Da Honig schneller karamellisiert als Zucker, erhalten sich die Äpfel unter der Karamellglasur noch etwas von ihrer säuerlichen Frische. Beim Teig halte ich es wie die Food-Autorin Felicity Cloake und verwende Mürbe- oder Blätterteig. Als ich Kind war, nahm meine Mutter immer Mürbeteig, Raymond Blanc verwendet Blätterteig, beides ist köstlich.

Ergibt 1 Tarte (20 cm ⌀)

3 Cox Orange Äpfel

3 Granny Smith Äpfel

frisch gepresster Saft von ½ Zitrone

1 selbstgemachter Mürbe- oder Blätterteig oder Fertigrodukt (siehe S. 190)

150 g Apfelblütenhonig

50 g Butter, gewürfelt

Außerdem

1 ofenfeste Pfanne (20 cm ⌀)

Den Backofen auf 150 °C vorheizen.

Wer mag, schält die Äpfel (ich lasse die Schale dran). Die Äpfel halbieren und das Kerngehäuse entfernen. Die Schnittflächen mit Zitronensaft bestreichen, damit sie nicht braun anlaufen (ich mache es, um den frischen Apfelgeschmack mit dem Zitronensaft zu verstärken). Die Apfelhälften mit der Schnittfläche nach oben auf ein Backblech legen und im vorgeheizten Ofen 15 bis 20 Minuten vorgaren. In der Zwischenzeit die restliche Tarte Tatin vorbereiten.

Die große Pfanne als Schablone verwenden. Den Teig auf einem Blech ausrollen und mit Hilfe der Pfanne kreisförmig zuschneiden, dann den Teig mit Frischhaltefolie abdecken und in den Kühlschrank stellen.

Den Honig in der Pfanne kräftig schäumend erhitzen und dabei nicht aus den Augen lassen. Sobald er beginnt, dunkler zu werden, sofort vom Herd nehmen und die Butter einrühren. Ist sie zerlassen, alles gründlich verrühren, dann auf die Seite stellen und abkühlen lassen. Gelegentlich umrühren, damit Butter und Honig sich nicht trennen.

Fortsetzung Seite 193

Ist der Honig-Butter-Karamell so weit abgekühlt, dass er zäh geworden ist, sich aber noch umrühren lässt, den Teig aus dem Kühlschrank nehmen. Den Teig am Rand festhalten und mit den Händen im Kreis bewegen und dabei den Rand ein wenig eindrücken. Das streckt den Rand und macht ihn dünner und wellt ihn leicht. Die Äpfel aus dem Ofen nehmen und die Ofentemperatur auf 200 °C erhöhen.

Die Apfelhälften nun mit den Schnittflächen nach unten dicht gedrängt in die Pfanne in den Karamell setzen. Den Teig aus dem Kühlschrank nehmen und über die Äpfel legen. Den überhängenden Rand rundum mit dem Stielende einer Gabel oder eines Löffels in die Pfanne drücken. Dabei den Karamell am Rand anheben (er sollte dafür fest genug sein) und den Teigrand darunterschieben. Den Teig mehrfach mit der Gabel einstechen und in der Mitte ein kleines Loch einschneiden, damit der Dampf entweichen kann. Im vorgeheizten Backofen 20 Minuten backen, bis der Karamell dunkel ist und am Rand Blasen wirft und der Teig goldbraun ist.

Die Tarte Tatin aus dem Ofen nehmen und 5 bis 10 Minuten abkühlen lassen, damit der Karamell wieder ein wenig fest wird, denn sonst läuft er beim Wenden aus. Bleibt die Tarte Tatin zu lang in der Pfanne, lässt sie sich nicht mehr so leicht stürzen. Sollte das passieren, die Pfanne auf dem Herd sanft erhitzen und dann aus der Pfanne stürzen.

Zum Stürzen die Pfanne mit einer großen Kuchenplatte abdecken und anschließend vorsichtig Platte und Pfanne gemeinsam wenden, um die Tarte Tatin auf den Teller zu stürzen. Noch warm mit Sahne oder mit Crème fraîche servieren.

Pistazien-Pavlova mit Lavendelhonig und geröstetem Pfirsich

LAVENDELHONIG

Zu meinen Lieblingsdesserts gehört Baiser, das außen leicht und knusprig ist und innen noch weich wie ein Marshmallow (auf keinen Fall die Art Baiser, die mit dem Küchenbrenner flambiert wird). Es gibt ein Foto von mir (siehe S. 253), das mich als Kind zu Weihnachten auf dem Esstisch meiner Eltern beim Naschen von Baiser zeigt, mit Beeren und Sahne im Gesicht. Ich hatte heimlich die Dessertreste vom Festessen verputzt, als die Erwachsenen auf dem Sofa eingeschlafen waren.

Für jede Saison gibt eine besondere Pavlova, eine Baisertorte, absolut dekorativ und einfach zuzubereiten. Eine Pavlova passt jederzeit und zu jedem Anlass.

Der Geschmack dieser Pistazien-Pavlova geht auf ein köstliches Urlaubsfrühstück aus saftigen Pfirsichen, Honig und mit Pistazienkernen bestreutem griechischen Joghurt zurück, bei dem ich Schwalben und Mauerseglern bei ihren morgendlichen Flugmanövern zusah, die meine Ideen offenbar beflügelt haben. Zu einer Pavlova gehören traditionell Rosenblätter und Rosenwasser, aber ich habe mich hier für Lavendelhonig und Lavendelblüten (aus dem Gewürzhandel) entschieden. Pistazien im Baiser liebe ich. Ihre Röstaromen sind ein besonders schönes Gegengewicht zur Süße. Das Baiser wird durch das feine, nussige Aroma noch unwiderstehlicher und passt außerdem noch besser zu saftigen Früchten oder einer guten Schokolade – und natürlich auch zu cremiger Schlagsahne.

Den Backofen auf 220 °C vorheizen.

Die Eiweiße in eine große Rührschüssel geben und ein elektrisches Handrührgerät bereitstellen.

Die Hälfte der Pistazienkerne grob hacken, die andere fein. Den Zucker auf einem mit Backpapier ausgelegten Backblech verteilen und 8 Minuten im vorgeheizten Ofen erhitzen, bis er zu schmelzen beginnt.

In der Zwischenzeit die Eiweiße mit dem Handrührgerät aufschlagen, bis sie Blasen werfen, aber noch nicht schaumig sind. Den Honig bereitstellen.

Nun den Zucker aus dem Ofen nehmen und die Ofentemperatur auf 160 °C reduzieren. Den Honig über den Zucker träufeln und kurz warm werden lassen. Anschließend die Honig-Zucker-Mischung langsam zu den Eiweißen geben. Nach je 2 Esslöffeln gründlich verschlagen, bis die Eiweiße glänzend und steif geschlagen sind. Dann je die Hälfte der grob und der fein gehackten Pistazien auf die Baisermasse streuen Das Unterheben erübrigt sich, da die Pistazien sich beim Umheben der Masse auf das Backblech von selbst verteilen.

Fortsetzung Seite 196

Für 6 Personen (ein großes Baiserstück oder mehrere kleinere Stücke)

Für das Baiser

6 Eiweiß (von Eiern Größe L) (Eigelb für die Custard Tart auf Seite 188 verwenden)

1 große Handvoll geröstete, geschälte, ungesalzene Pistazienkerne

360 g Rohrohrzucker

1 EL Lavendelhonig

Zum Servieren

3 reife Pfirsiche

1 EL Sonnenblumenöl, zum Einfetten

200 g Konditorsahne, geschlagen

200 g griechischer Joghurt

3 EL Lavendelhonig

1 EL getrocknete Lavendelblüten, zerkrümelt (im Gewürzhandel erhältlich)

Die Baisermasse mit einem Teigspatel auf ein mit Backpapier ausgelegtes Backblech geben und möglichst zügig in die gewünschte Form verstreichen oder die Masse mit einem großen Servierlöffel in großen Klecksen auf ein oder mehrere mit Backpapier ausgelegte Bleche geben, je nachdem, ob man eine einzelne große Baisertorte möchte oder mehrere kleinere Baiserstücke.

Das oder die Backbleche in den vorgeheizten Ofen geben und die Ofentemperatur sofort auf 120 °C reduzieren. Je nach Größe der Stücke 1 bis 2 Stunden backen, dann den Ofen ausschalten, die Ofentür leicht öffnen und die Baisers im Ofen auskühlen lassen.

In der Zwischenzeit die Pfirsiche halbieren, entsteinen und eine Grillpfanne bei mittlerer Hitze heiß werden lassen. Die Pfanne leicht mit Öl einfetten, damit die Pfirsiche nicht anbraten. Die Pfirsiche von jeder Seite kurz scharf anbraten, bis sie dunkle Grillstreifen von den Pfannenrillen haben, dann auf einem Teller leicht abkühlen lassen.

Die Baisers aus dem Ofen nehmen. Die Sahne steif schlagen, dann den Joghurt zugeben und kräftig verrühren, bis eine streichfähige, cremige Masse entsteht. Die Hälfte des Honigs unterziehen und die Sahne-Honigcreme in den Kühlschrank stellen, bis die Baisers abgekühlt sind.

Die Sahne-Honigcreme über die Baisers streichen, die Pfirsiche daneben oder darauf anrichten, mit dem restlichen Honig beträufeln und mit den restlichen fein und grob gehackten Pistazien und den Lavendelblüten bestreut servieren.

Maiskuchen mit Honig und Nüssen

TUPELOHONIG

Dieser Maiskuchen liegt irgendwo zwischen Kuchen und amerikanischem Cornbread und wird warm in der Pfanne serviert. Es erinnert mich an meine Lieblings-Frühstücksflocken als Kind und schmeckt ebenfalls nach mehr. Dazu passen dicke Kleckse Crème fraîche und eine Tasse Tee.

Den Backofen auf 180 °C vorheizen. Eine gusseiserne, ofenfeste Pfanne mit einem Durchmesser von 23 Zentimetern im Backofen vorheizen.

Die Hälfte der Erdnusskerne fein hacken. Die restlichen Erdnüsse in Hälften teilen und beiseitestellen.

Die Butter mit dem Zucker schaumig schlagen, dann die Eier nach und nach einrühren und zum Schluss Erdnussbutter, Honig und Buttermilch einrühren.

Weizenmehl, Maismehl und Backpulver in einer Rührschüssel vermengen und eine Mulde in die Mitte drücken. Die Buttermischung hineingeben und mit einer Gabel vermengen. Zum Schluss die gehackten Erdnüsse unterziehen.

Die heiße Pfanne vorsichtig aus dem Ofen nehmen und die Teigmasse hineingießen. Mit den halben Erdnüssen bestreuen und im Backofen etwa 25 Minuten goldbraun backen.

Ergibt 1 Kuchen (23 cm ⌀)

100 g geröstete ungesalzene Haselnusskerne
150 g weiche Butter
100 g Rohrohrzucker
3 Eier (Größe L)
1 EL Erdnussbutter
50 g Tupelohonig
100 g Buttermilch
75 g Weizenmehl Type 405
75 g Maismehl
1½ TL Backpulver

Baskischer Käsekuchen mit Kardamom

ORANGENBLÜTENHONIG

Wer Baskischen Käsekuchen noch nicht kennen sollte, dem lege ich diesen köstlichen Kuchen wärmstens ans Herz. Er entlockt selbst einer Käsekuchen-Skeptikerin wie mir ein überrashtes »Oooh« und ist meilenweit entfernt von den faden, glänzenden Fertigkäsekuchen. Ich habe diese Version an einem verregneten grauen Augustnachmittag in der Mitarbeiterküche des Palmenhauses in Kew Gardens getestet. Der Kuchen ist selbst in dem uralten Retro-Ofen aus den 1970er Jahren perfekt gelungen und wunderbar aufgegangen, was davon zeugt, wie einfach er zu machen ist. Noch etwas luxuriöser wird der Kuchen, wenn man auf Quark oder Doppelrahmfrischkäse verzichtet und ihn stattdessen mit Mascarpone, Labneh oder Ricotta zubereitet. Idealerweise aromatisiere ich die Konditorsahne über Nacht mit dem Kardamom, aber das braucht dann eben etwas mehr Zeit.

Die Kardamomkapseln öffnen und die Samen auslösen. Kapseln und Samen in einer heißen, trockenen Pfanne rösten, bis sie duften, dann im Mörser fein zermahlen. Wer die Zeit hat, gibt das Kardamompulver in die Konditorsahne und aromatisiert sie damit über Nacht im Kühlschrank. Soll es schneller gehen, die Sahne in einem Topf erhitzen und den Kardamom einrühren. Während der restlichen Vorbereitungen unter gelegentlichem Rühren bei schwacher Hitze durchziehen lassen. Vor dem Verwenden durch ein Sieb in eine Schüssel abgießen und abkühlen lassen.

Den Backofen auf 200 °C vorheizen.

Die Springform mit Butter einfetten und so mit Backpapier auslegen, dass reichlich (und ich meine reichlich!) Backpapier übersteht.

Frischkäse (oder Quark), Zucker und Honig in einer Küchenmaschine oder mit einem elektrischen Handrührgerät bei mittlerer Stufe glatt rühren und dabei mit einem Teigschaber die Ränder der Rührschüssel immer wieder sauber kratzen.

Die Eier nach und nach aufschlagen, einrühren und verquirlen. Die Kardamomsahne unter Rühren einträufeln, den Vanilleextrakt langsam einrühren. Die Rührschüssel ist nun fast randvoll gefüllt. Nun das Mehl darübersieben, das Salz einstreuen und langsam glatt rühren.

Die Masse vorsichtig in die vorbereitete Springform gießen. Behutsam in den vorgeheizten Ofen setzen und 45 bis 60 Minuten backen, bis die Masse zu einem Soufflé aufgeht. Den Kuchen herausnehmen, sobald er kastanienbraun ist, die Mitte aber noch elastisch, und in der Form auf einem Gitterrost etwas abkühlen lassen, dann aus der Form lösen und ganz auskühlen lassen. Zimmerwarm servieren, *nicht* gekühlt.

Ergibt 1 Käsekuchen (20–23 cm ⌀)

3 oder mehr pralle schwarze Kardamomkapseln

480 g Konditorsahne

Butter, zum Einfetten

900 g Doppelrahmfrischkäse oder Sahnequark

180 g Puderzucker

3½ EL Orangenblütenhonig

6 Eier (Größe L)

1 TL Vanilleextrakt

45 g Weizenmehl Type 405

½ TL feines Salz

Außerdem

1 Springform (mind. 20 cm ⌀)

Haselnussbaiser mit Honig-Mascarpone und Quitten

APFELBLÜTENHONIG

Zu dieser weichen, mit Sirup getränkten Köstlichkeit, die ich kalt aus dem Kühlschrank löffeln könnte, gehören gedünstete Quittenspalten. Aufgewärmt passen sie wunderbar zu allem Möglichen, sei es Porridge, Käsekuchen, Eiscreme oder Vanillepudding. Hier habe ich sie mit einfachem Honig-Mascarpone kombiniert, und ich kann dazu nur wärmstens das Pavlova-Rezept auf Seite 194 für Haselnussbaiser empfehlen (einfach die Pistazien gegen Haselnusskerne austauschen), was jedem Löffel warmer, weicher Quitten und kühlem, samtigen Mascarpone noch eine knusprig-nussige Note verleiht. Rosenaroma, Apfelblütenhonig und Kardamom unterstreichen den von Natur aus blumigen, süßen und würzigen Geschmack der Quitten. Bei den angegebenen Mengen wird bestimmt etwas Sirup übrig bleiben, den ich gern in einer Flasche aufbewahre und für Cocktails verwende. Einen Quitten-Fizz? Ja, bitte!

Für 6 Personen

1 Menge Baisermasse (siehe S. 194, die Pistazienkerne durch Haselnusskerne ersetzen)

50 g Apfelblütenhonig

500 g Mascarpone

Für die gedämpften Quitten mit Sirup

4 pralle Kardamomkapseln

frische Schale von 1 unbehandelten Zitrone (mit dem Sparschäler in Streifen abgeschält)

2 Lorbeerblätter

1 EL getrocknete, essbare Rosenblütenblätter

100 g Apfelblütenhonig

80 g Puderzucker

2 Quitten

Das Baiser wie auf Seite 194 bis 196 beschrieben zubereiten. Dabei anstatt der Pistazien Haselnusskerne verwenden und eine einzelne Pavlova oder ein großes Baiserstück backen. Das Baiser und/oder die Quitten lassen sich im Voraus gut zubereiten.

Zuerst den Sirup für die Quitten einkochen. Dazu die Kardamomkapseln in einem Mörser anstoßen, um sie zu öffnen, dann in einer heißen, trockenen Pfanne rösten, bis sie duften. Zusammen mit der Zitronenschale, Lorbeerblättern, Rosenblütenblättern und 300 Milliliter Wasser in einem kleinen Topf aufkochen und bei aufgelegtem Deckel etwa 10 Minuten sanft köcheln lassen. Dann durch ein Sieb in ein Gefäß abgießen und die Flüssigkeit wieder in den Topf geben. Honig und Puderzucker darin auflösen. Vom Herd nehmen und bereitstellen.

Den Backofen auf 160 °C vorheizen.

Die Quitten vierteln, das Kerngehäuse entfernen und das Fruchtfleisch in Spalten schneiden. Die Spalten in einer Lage dicht in eine Auflaufform schichten, mit dem heißen Sirup übergießen und die Form mit Alufolie abdecken. Im vorgeheizten Ofen in 30 bis 45 Minuten dünsten, bis die Quitten leicht weich geworden sind. Die Folie abnehmen und weitere 15 Minuten in den Ofen stellen, bis die Quitten weich sind, aber ihre Form noch halten, und der Sirup etwas eingekocht ist. Beiseitestellen und etwas abkühlen lassen.

In der Zwischenzeit den Honig locker unten den Mascarpone heben und bis zum Servieren in den Kühlschrank stellen. Die Mascarponecreme auf dem Baiser verteilen, die warmen Quitten darauf anrichten und mit Sirup beträufelt servieren.

Zitronenkuchen mit Blütenpollen und Baiserhaube

BROMBEERHONIG

Es gibt für mich nichts Leckereres als einen Zitronenkuchen mit Baiserhaube. Der Blütenpollen im Mürbeteig ergibt lustige Leopardenpunkte und macht den Kuchenboden erdig-süß und herrlich knusprig.

Für den Kuchenboden Mehl, Zucker, Pollen und Salz in einer Schüssel vermengen. Nach und nach die Butter zugeben und mit den Fingerspitzen verreiben, bis die Mischung die Konsistenz von Semmelbröseln hat. Beginnt die Butter zu schmelzen, die Schüssel für 10 Minuten in den Kühlschrank stellen. Den Teig zügig verkneten, in Frischhaltefolie einschlagen und 30 Minuten im Kühlschrank ruhen lassen.

Die Tarteform einfetten. Dann den gekühlten Teig dünn (ca. 3 mm) und so groß ausrollen, dass er die Form auskleidet. Den Teig in die Form geben und überstehenden Teig abschneiden. Die Form mit Teig mindestens 30 Minuten oder über Nacht in den Kühlschrank stellen.

Den Backofen etwa 30 Minuten vor dem Backen auf 200 °C vorheizen.

Die Form aus dem Kühlschrank nehmen. Ein Stück Backpapier so zuschneiden, dass es den Teigboden samt Rand bedeckt. Den Teig damit abdecken und mit Backgewichten (z. B. getrockneten Bohnen) bedecken. Im vorgeheizten Ofen 15 bis 20 Minuten blindbacken, dann das Papier mit den Gewichten herausheben und den Boden weitere 15 bis 20 Minuten backen. Herausnehmen und abkühlen lassen.

Für die Füllung das Stärkemehl mit etwas Wasser verrühren. Etwas Wasser in einem kleinen Topf mit der Zitronenschale und dem Zucker aufkochen, dann vom Herd nehmen und die Stärkemehlpaste gründlich einrühren. Die Mischung erneut zum Köcheln bringen und unter Rühren 1 bis 2 Minuten andicken lassen. Vom Herd nehmen und nacheinander Honig, Eigelbe, Butter und Zitronensaft kräftig einrühren. Wird die Mischung zu dünn, nochmals unter Rühren 1 Minute sanft erhitzen. Vom Herd nehmen und die Masse auf dem Teigboden verteilen und völlig auskühlen lassen. Erst dann das Baiser zubereiten.

Den Backofen auf 160 °C vorheizen.

Die Eiweiße in einer Schüssel mit einem elektrischen Handrührgerät oder einem Schneebesen verschlagen, aber nicht schaumig rühren. Den Honig kräftig einrühren, dann in kleinen Portionen den Zucker zugeben und gründlich einarbeiten. Sobald der Eischnee weiß, glänzend und steif ist, auf der Tarte verteilen. Im vorgeheizten Ofen 15 bis 20 Minuten backen. Vor dem Servieren abkühlen lassen.

Ergibt 1 Pie (23 cm ⌀)

Für den Kuchenboden

250 g Weizenmehl Type 405

75 g Puderzucker

2 EL Blütenpollen

½ TL Salz

150 g kalte Butter, plus etwas mehr zum Einfetten

Für die Füllung

25 g Stärkemehl

frisch abgeriebene Schale und Saft von 2 oder 3 kleinen unbehandelten Zitronen (ca. 150 ml Saft)

125 g Puderzucker

2 EL Honig, nach Wunsch

4 Eigelb (Eier Größe L), die Eiweiße für das Baiser verwenden

45 g gesalzene Butter

Für das Baiser

4 Eiweiß (Eier Größe L), übriges Eiweiß für die Füllung verwenden

½ EL Bromheerhonig

240 g Puderzucker

Außerdem

1 Tarteform (ca. 23 cm ⌀)

Michelle Polzines' Schichttorte

WILDBLÜTENHONIG

Diese Torte mit erstaunlichen zehn Schichten (!) gehört zu den wenigen Rezepten, für die ich Honig ausnahmsweise einmal anbrennen lasse (dazu gehört auch die Honig-Dulce-Eiscreme auf Seite 219). Medovik ist eine traditionelle Honigtorte aus Russland und der Ukraine und zeichnet sich durch hauchdünne Schichten Honigbiskuit aus, die abwechselnd mit Lagen saurer Sahne oder Kondensmilch aufgeschichtet werden. Michelle Polzine, einst Chefin des heiß geliebten und ebenso vermissten 20th Century Café in San Francisco, beschloss, diese traditionelle Torte doppelt so hoch aufzuschichten und angebrannten Honig, Konditorsahne und Dulce de Leche zu verwenden. So entstand ihre weltberühmte Schichttorte.

Michelles Kreation ist tatsächlich die Krönung aller Schichttorten. Sie zieht jeden in ihren Bann – und wenn sie irgendwo angeboten wird, bleibt nie etwas übrig. Dank des angebrannten Honigs hat sie genau die richtige Süße. Dies hier ist Michelle Polzines' Originalrezept für Schichttorte, gefolgt von einer zweiten Version von mir mit Kaffee und gerösteten Walnusskernen.

Für 16–20 Personen

Für die Biskuitlagen

150 g Wildblumenhonig (oder anderer milder Honig)

60 g angebrannter Honig (siehe unten)

165 g Puderzucker

170 g kalte Butter, gewürfelt

5 Eier (Größe L)

1¾ TL Speisenatron

1¼ grobes Stein- oder Meersalz

1 TL gemahlener Zimt

360 g Weizenmehl Type 405

Für den angebrannten Honig

200 g Wildblumenhonig (oder ein anderer milder Honig)

Für die Creme

120 g angebrannter Honig (siehe oben)

1 Dose (400 g) Dulce de Leche (Creme aus eingekochter Kondensmilch; in Südamerika und spanischsprechenden Ländern sehr beliebt)

1 TL feines Meersalz

1500 g Konditorsahne oder Crème double

Außerdem

1 Springform (23 cm ⌀)

Den Backofen auf 190 °C vorheizen.

Mit Hilfe eines Stifts und der Springform als Schablone einen Kreis auf elf Backpapierblättern anzeichnen.

Zuerst den angebrannten Honig zubereiten. Dazu den Honig in einem Topf bei mittlerer Hitze aufkochen und köcheln lassen. Nach ein paar Minuten beginnt er stark zu schäumen. Gelegentlich mit einem Kochlöffel umrühren und nicht aus den Augen lassen. Sobald der Honig zu rauchen beginnt, die Temperatur stark reduzieren und weitere 30 Sekunden köcheln lassen. Dann vom Herd nehmen und im Topf mehrmals schwenken. Den Topf absetzen und vorsichtig etwa 2 Esslöffel Wasser oder mehr bei Bedarf einträufeln (Vorsicht: es dampft und zischt!). Gründlich verrühren und den Honig in einen hitzebeständigen Messbecher füllen. Mit kochendem Wasser aufgießen, sodass sich 200 Milliliter Honigsirup ergeben. Kräftig verrühren. (Der angebrannte Honig kann im Voraus zubereitet und bei Zimmertemperatur gelagert werden. Er hält sich unendlich.)

Nun den Biskuit zubereiten. Dazu Honig, angebrannten Honig, Zucker und Butter in einer hitzebeständigen Schüssel auf einen Topf mit kochendem Wasser stellen. Die Eier in eine zweite Schüssel aufschlagen und beiseitestellen. Das Speisenatron in einer kleinen Schüssel mit Salz und Zimt vermengen und beiseitestellen.

Die Honigmischung im heißen Wasserdampf gründlich verrühren. Wenn die Butter zerlassen und die Mischung heiß ist (aber nicht so heiß, dass sie verbrennt!), nach und nach die Eier mit einem Schneebesen einrühren.

Fortsetzung Seite 208

Mit dem Schneebesen weiter verquirlen. Dann Natron, Salz und Zimt einrühren (die Teigmasse beginnt zu schäumen und riecht ein wenig seltsam, aber das ist normal). Die Schüssel aus dem Wasserdampf nehmen, in ein kaltes Wasserbad stellen und unter Rühren abkühlen, bis sie handwarm ist. Dann das Mehl einsieben und glatt rühren.

Ein Blatt Backpapier mit der Markierung nach unten auf ein Backblech legen. Mit einem Eisportionierer oder einer Kelle 90 Gramm Teig im Kreis verteilen mit einer Winkelpalette gleichmäßig verteilen, bis der Kreis ausgefüllt ist. Die Teigmenge reicht gerade dafür aus. Auf einem zweiten Backblech (falls vorhanden), die zweite Lage vorbereiten. Immer zwei Lagen gleichzeitig im vorgeheizten Ofen 6 bis 7 Minuten backen (nicht zu lange backen!), bis die Teiglagen eine Karamellfarbe angenommen haben und leicht zurückfedern. Die Backbleche nach der Hälfte der Backzeit drehen, damit der Teig gleichmäßig backt. Wiederholen, bis der ganze Teig gebacken ist. Bei Verwendung der heißen Backbleche die Backzeit um 1 bis 2 Minuten verkürzen. Die Biskuitlagen noch warm vom Backpapier abziehen, aber erst stapeln, wenn sie mindestens 30 Minuten abgekühlt sind.

Die Ofentemperatur auf 120 °C reduzieren. Die am wenigsten gelungene Biskuitlage auf ein mit Backpapier ausgelegtes Backblech legen und im Ofen 15 Minuten trocken und karamellbraun backen. Abkühlen lassen, dann in einem Mixer zu Bröseln zerkleinern. Beiseitestellen.

Für die Creme den angebrannten Honig in einer Schüssel mit Dulce de Leche und Salz vermengen, dann 180 Gramm Sahne zugeben und verrühren. Im Kühlschrank 30 Minuten auskühlen lassen.

Die restliche Sahne in einer Küchenmaschine oder mit einem elektrischen Handrührgerät etwa 6 Minuten bei mittlerer Geschwindigkeit leicht steif schlagen. Die kalte Honigmischung einrühren, bis die Sahne steif ist. Fasst die Schüssel der Küchenmaschine keine 2 Liter, die Creme in zwei Portionen zubereiten und später in einer großen Rührschüssel vermengen. Die Creme bis zum Aufschichten des Kuchens in den Kühlschrank stellen.

Nun die Torte aufschichten. Dazu die erste Biskuitlage auf eine Tortenplatte aus Karton mit einem Durchmesser von 25 Zentimeter legen und 150 bis 160 Gramm der Creme mit einer Winkelpalette gleichmäßig darauf verstreichen. Die zweite Biskuitlage darauflegen und mit Creme bestreichen. So fortfahren, bis alle zehn Lagen aufgeschichtet sind. Beim weiteren Aufstapeln der Schichten die Torte rundum begradigen (wer eine Teigkarte und eine drehbare Tortenplatte hat, die Teigkarte senkrecht an den Rand halten und die Platte mit der Torte drehen, um den Aufbau gerade auszurichten). Die oberste Biskuitlage ebenfalls mit Creme bestreichen und die restliche Creme um den Rand der Torte verteilen. Den Rand der Torte, wer mag, auch die Oberfläche gleichmäßig mit den Buikuitkrümeln bedecken. Die Torte über Nacht in den Kühlschrank stellen. Die Schichttorte kann bis zu zwei Tage im Voraus zubereitet werden. Tortenreste halten sich im Kühlschrank bis zu drei Tage.

Schichttorte mit Kaffee und Walnusskernen

Zusätzliche und ausgetauschte Zutaten für die Version der Schichttorte (siehe S. 207)

200 g Walnusskernhälften

4 EL löslicher Kaffee, in 1 EL kochendem Wasser gelöst und abgekühlt

Vollrohrzucker statt Puderzucker

Ich habe einen Freund aus Kalifornien, der wahnsinnig gern Michelle Polzines' Honigtorte backt. Alex ist ein echter Nerd in Sachen Kuchen, aber auch was Kaffee betrifft. Von Alex habe ich eine Kaffeemühle geerbt und dank ihm so viele Videos von dem Kaffeespezialisten James Hoffmann angeschaut, dass ich meine Presskanne jetzt French Press nenne. Ich benutze sie allerdings nie. Diese Version des klassisch britischen, festlichen Coffee and Walnut Cake ist Alex gewidmet.

Da ich die Version mit löslichem Kaffee zubereitet habe, sollte ich Alex vermutlich beschämt seine schicken Gerätschaften zurückgeben und um Vergebung bitten. Die gerösteten Walnüsse und die bittere Note des Kaffees passen wunderbar zum angebrannten Honig und der Dulce de Leche. Das lenkt ihn hoffentlich ab.

ANPASSUNGEN BEI DER ZUBEREITUNG

Die Walnusskernhälften in einer trockenen Pfanne rösten, dann eine Hälfte grob, die andere fein hacken.

Die Hälfte des Kaffees mit den fein gehackten Walnusskernen in die Teigmasse rühren, die andere Hälfte unter die Creme heben.

Die grob gehackten Walnusskerne mit dem zerkrümelten Biskuit vermengen und die Torte damit dekorieren.

Panna cotta mit Feigenblatt

HEIDEHONIG

»Das perfekte Dessert gibt es nicht ...« Doch, gibt es! Wer noch nie Panna cotta selbst gemacht hat, sollte dieses Rezept unbedingt einmal ausprobieren. Panna cotta ist einfach zubereitet, absolut köstlich, und ich reiche sie meinem Nachbarn stolz als Entschuldigung dafür über den Zaun, dass ich dafür ein paar Blätter von seinem Feigenbaum gemopst habe. Wer keine Feigenblätter bekommt, kann Feigen im Ofen backen (siehe S. 220) und die Sahne damit aromatisieren.

Ergibt 6 Einzelportionen (à 150 g) Panna cotta

4 frische Feigenblätter oder gebackene Feigen (siehe S. 220)

200 ml Vollmilch

700 g Konditorsahne

45 g Puderzucker

1 breiter Streifen frisch abgeschälte Schale von 1 unbehandelten Zitrone

3 Gelatineblätter (je 7,5 cm lang)

1 EL Heidehonig

Außerdem

Förmchen für die Panna cotta

Den Backofen auf 160 °C vorheizen.

Die Feigenblätter direkt auf den Ofenrost legen und 5 bis 10 Minuten rösten, bis sie duften. Die Blätter dabei nicht aus den Augen lassen, damit sie nicht verbrennen.

Milch, Sahne und Zucker in einem Topf bei schwacher Hitze sanft erwärmen. Die fertigen Feigenblätter in den Topf bröseln und die Zitronenschale hineingeben. Die Mischung weitere 5 Minuten erhitzen (aber nicht köcheln lassen!).

Den Topf vom Herd nehmen, zudecken und unter gelegentlichem Rühren 1,5 bis 2 Stunden abkühlen lassen oder über Nacht in den Kühlschrank stellen, damit sich das Aroma der Feigenblätter voll entfalten kann.

Die Gelatineblätter in einer Schüssel mit kaltem Wasser einweichen. Die Förmchen für die Panna cotta in eine Auflaufform stellen.

Die abgekühlte Sahnemischung durch ein feines Sieb oder ein Passiertuch in einen sauberen Topf abgießen. Zitronenschale und Feigenblattstücke entsorgen. Die Sahnemischung kurz aufkochen, dann sofort vom Herd nehmen.

Die eingeweichte Gelatine gründlich ausdrücken und dann in die Sahnemischung rühren, bis sie gelöst ist, anschließend den Honig einrühren. Die Mischung in die Panna-cotta-Förmchen füllen und abkühlen lassen, dann über Nacht im Kühlschrank fest werden lassen.

Um die Panna cotta aus den Schalen zu lösen, die Schalen kurz in heißes Wasser tauchen und dann auf Teller stürzen. Die Panna cotta mit frischen oder gebackenen Feigen (siehe S. 220) servieren.

KAPITEL 5

Eis

215 Honigtoast-Eiscreme

216 Ricottaeis mit geröstetem Sesam

219 Honig-Dulce-Eiscreme

220 Amarettoeis mit Honigfeigen

222 Drei Granitas

Honigtoast-Eiscreme

KLEEHONIG

Ein Toast mit Honig schmeckt zu jeder Tageszeit – und wenn an einem Dienstagmorgen um 10 Uhr die Woche mal wieder hakt, kann man sich damit etwas Gutes tun. An manchen Tagen aber hilft nur Eiscreme ... genau für diese Zeiten ist das Rezept gedacht.

Ich habe schon mal (ungeröstetes) Vollkornbrot-Eis gegessen, das mit geschroteten malzigen Körnern durchsetzt war und dadurch etwas Biss hatte. Es schmeckte ein wenig wie eingefrorene weiche Weetabix, nur viel cremiger als die Vollkorn-Weizen-Kekse. Ich fand es schon schmackhaft, aber das Vollkornbrot war nicht wirklich der volle Genuss. Für diese Version verwende ich eine Scheibe gutes Krustenbrot oder das Endstück eines Weißbrots, um die wunderbaren Karamellnoten der Maillard-Reaktion zu erhalten. Wer Sauerteigbrot nehmen möchte, sollte ein mildes verwenden.

Broteis ist in England und Irland mindestens schon seit dem 17. Jahrhundert »ein Ding«, taucht dann in Jane Grigsons »English Food« von 2007 als Eis auf, dass selbst auf traditioneller Milcheisbasis nicht aufgerührt werden muss. Auch der britische Koch und Kochbuchautor Fergus Henderson hat eine köstliche Broteis-Version mit Armagnac zubereitet.

Kleehonig ist mein Lieblingshonig für Honigtoast, daher nutze ich ihn in diesem Rezept. Da der Honig nicht erhitzt wird, ist hier ein guter Rohhonig am besten geeignet, um das volle Honigaroma genießen zu können.

Ergibt 600 ml Eiscreme

1 Scheibe frisches Krustenbrot oder das Endstück eines Weißbrots

300 g Konditorsahne oder Crème double

4 Eier, getrennt, Eigelb leicht verquirlt

100 g Kleehonig

Den Backofen auf 180 °C vorheizen. Das Brot toasten und zerbröseln.

Die Sahne in einem Topf erhitzen, dann vom Herd nehmen. Ein paar Toastbrösel zum Dekorieren zurückbehalten, den Rest in die Sahne rühren und etwa 30 Minuten einweichen lassen. Anschließend die Sahne durch ein Sieb passieren und möglichst viel Sahne aus dem weichen Toast ausdrücken. Die Sahne auskühlen lassen.

Die Eiweiße in einer Schüssel steif schlagen und dann den Honig einrühren. In einer zweiten Schüssel die gekühlte Sahne leicht steif schlagen, danach die Eigelbe zügig einrühren. Die Sahnemischung vorsichtig unter den Eischnee heben, in einen Gefrierbehälter geben und mindestens 4 Stunden in den Gefrierschrank geben.

Das Eis mit den restlichen Toastbrösel bestreut und mit Honig beträufelt servieren.

Ricottaeis mit geröstetem Sesam

BROMBEERHONIG

Der Geruch von frisch geröstetem schwarzem Sesam, der im Mörser zerstoßen wird, ist einfach wunderbar. Selbst wer dieses Eis gar nicht zubereiten möchte (obwohl es unglaublich lecker ist und kinderleicht herzustellen – also bitte ausprobieren!), könnte ein paar Minuten reinen Genusses verleben, indem er gerösteten Sesam gemütlich zerstößt. Wie viel Sesam, Honig und Limettenschale ins Eis kommen, kann man ganz nach Geschmack entscheiden. Das Eis passt hervorragend zu langsam geschmorten Pflaumen.

Ergibt 1,5 l Eiscreme

1 Prise Salz

250 g Ricotta

4 TL schwarze Sesamsamen

80 g Brombeerhonig

300 g Konditorsahne

frisch abgeriebene Schale von ½ unbehandelten Limette

½ TL Vanilleextrakt

3 Eier (Größe L), getrennt

125 g Puderzucker

½ TL Granatapfelsirup

Das Salz in den Ricotta einrühren, den Ricotta in ein Passiertuch geben und über einer Schüssel mehrere Stunden abtropfen lassen. Hin und wieder ausdrücken, um möglichst viel Flüssigkeit zu entziehen.

Sollten die Sesamsamen nicht schon vorgeröstet sein, die gewünschte Menge Samen in einer heißen, trockenen Pfanne rösten, bis sie duften, oder die Sesamsamen auf ein Backblech streuen und im vorgeheizten Backofen (175 °C) rösten. Das dauert ein wenig länger, und es ist schwerer zu erkennen, wann die Samen fertig geröstet sind.

Die Sesamsamen in einem Mörser fein zermahlen. Mit einem Teelöffel herauskratzen und in einer kleinen Schüssel mit 40 Gramm Honig vermengen (ich kann nur empfehlen, dies nicht im Mörser zu tun, denn das ergibt ein klebriges Chaos). Beiseitestellen.

Die Sahne in einer zweiten Schüssel mit Zitronenschale und Vanilleextrakt verrühren und nur leicht steif schlagen, da sie sich sonst schwer mit den restlichen Zutaten vermengen lässt und am Ende noch Stücke gefrorener Sahne im Eis bleiben. (Wer sich nicht ganz sicher ist, hört daher lieber früher auf zu schlagen.)

In einer weiteren Schüssel die Eiweiße mit dem Zucker leicht steif verquirlen.

Den restlichen Honig, Eigelbe und Ricotta in einer Schüssel vermengen (die Creme soll nicht ganz glatt sein). Danach erst die Schlagsahne, dann den Eischnee unterziehen.

Die Masse mit Sesamhonig und Granatapfelsirup beträufeln und beides locker unterziehen, sodass eine schöne Marmorierung entsteht. Die Masse in einen Gefrierbehälter geben und mindestens 6 Stunden in den Gefrierschrank stellen.

Honig-Dulce-Eiscreme

ANGEBRANNTER WILDBLÜTEN- UND BORRETSCHHONIG

Dieser eisgewordene Traum ist das einzige Rezept neben Michelle Polzines' Schichttorte (siehe S. 207), bei dem ich angebrannten Honig akzeptiere – und dass ich ihn hier verwende, ist letztlich auch Michelle zu verdanken. Die Bitterkeit des angebrannten Honigs passt hervorragend zum cremigen kalten Eis. Wer gerade die Schichttorte von Seite 207 zubereitet, kann einfach etwas mehr Creme zubereiten und den Überschuss mit Eischnee und schaumig geschlagenem Eigelb unterheben. Wer aber nur die Honig-Dulce-Eiscreme möchte, nimmt die hier angegebenen Mengen. Ich hebe für eine hübsche Marmorierung gern noch ein wenig von dem angebrannten Honig und der karamellfarbenen Dulce de Leche unter – und manchmal rühre ich für einen fruchtig-röstigen Knuspereffekt auch ein paar köstliche Kakao-Nibs mit ein.

Ergibt 1,5 l Eiscreme

4 Eier (Größe L), getrennt

100 g Puderzucker

350 g Konditorsahne

50 ml gezuckerte Kondensmilch

50 g angebrannter Honig (siehe S. 207), plus 25 g mehr zum Einrühren

50 g flüssiger Borretschhonig

75 g Dulce de Leche (Creme aus eingekochter Kondensmilch; in Südamerika und spanischsprechenden Ländern sehr beliebt), plus 25 g mehr zum Einrühren

Die Eiweiße mit dem Zucker in einer Schüssel leicht steif schlagen. Sahne und Kondensmilch in einer zweiten Schüssel leicht steif schlagen. Den angebrannten Honig mit dem flüssigen Honig, der Dulce de Leche und den Eigelben verrühren und unter die Sahne ziehen, dann den Eischnee unterheben.

Die zusätzlichen 25 Gramm Dulce de Leche in einem Topf leicht erhitzen, damit die Creme flüssiger wird, und mit dem flüssigen Honig vorsichtig unter die Eiscrememasse heben. In einen Gefrierbehälter füllen und mindestens 4 Stunden in den Gefrierschrank stellen.

Amarettoeis mit Honigfeigen

APFELBLÜTENHONIG

Honigfeigen – Feigenhonig. Bei diesem Rezept für ein Eisdessert werden die Feigen, die in Honig gegart werden, honigsüß, aber auch der Honig nimmt im Ofen das süß-fruchtige Aroma der Feigen an. Ich püriere nicht alle Feigen, denn die weichen, kompottartigen Stücke ergeben in Kombination mit den Amaretti-Bröseln und einem Schluck Amaretto einen köstlichen Sommer-Sundae.

Für die Zubereitung von rührfreiem Eis gibt es zwei unterschiedliche Richtungen: Die britische Kochbuchautorin und TV-Köchin Mary Berry verwendet Eischnee, die amerikanische TV-Köchin Martha Steward gesüßte Kondensmilch. Ich finde, mit Eischnee wird das Eis fluffiger und ist einfacher zu formen. Mit gezuckerter Kondensmilch wird es schön cremig, aber eben auch fester. Beide Versionen sind köstlich, weshalb ich in diesem Rezept einfach den goldenen Mittelweg nutze.

Ergibt 1,5 l Eiscreme

8 frische Feigen

100 g Apfelblütenhonig

50 g Amaretti, plus ein paar mehr zum Dekorieren

4 Eier (Größe L), getrennt

100 g Puderzucker

350 g Konditorsahne

50 ml gezuckerte Kondensmilch

4 EL Amaretto

Den Backofen auf 160 °C vorheizen.

Die Feigen in Viertel schneiden, in eine Auflaufform legen und mit der Hälfte des Honigs beträufeln. Im vorgeheizten Ofen 10 Minuten garen. Im Auge behalten und aus dem Ofen nehmen, bevor der Honig dunkel wird. Die Feigen sollten am Rand zart karamellisieren. Beiseitestellen und abkühlen lassen.

In der Zwischenzeit die Amaretti in einem Mixer zerkleinern oder in einen Gefrierbeutel geben und zu Bröseln zerdrücken. Beiseitestellen.

Die Eiweiße mit dem Zucker in einer Schüssel leicht steif schlagen, in einer zweiten Schüssel Sahne und Kondensmilch leicht steif schlagen. Den restlichen Honig, Eigelbe und den Amaretto unter die Sahnemischung heben. Dann den mit den Feigen aromatisierten Honig aus der heißen Auflaufform herauslöffeln und einrühren.

Die Hälfte der abgekühlten Feigen in mundgerechte Stücke schneiden, den Rest zu Püree zerdrücken. Feigenstücke und -püree in die Sahnemischung rühren.

Nun den Eischnee vorsichtig unterheben und danach die Amaretti-Brösel unterziehen, sodass ein hübscher Marmoreffekt entsteht. Die Masse in einen Gefrierbehälter füllen und mindestens 6 Stunden in den Gefrierschrank stellen.

Das Amarettoeis mit Honigfeigen nach Wunsch mit den zusätzlichen Amaretti-Bröseln bestreut servieren.

Drei Granitas

Granitas stammen aus Sizilien, und in dieser eher gröberen Version, die ich hier vorstelle, isst man sie auch in Palermo. Für die Zubereitung braucht man neben den Zutaten lediglich eine Gabel und einen Gefrierschrank. Granitas sind so retro, so schick – und die genialste Methode, um einen Cocktail in ein eiskaltes Dessert zu schmuggeln. In zwei der Rezepte nutze ich besonders charaktervolle Honigsorten, die einen robusten Schuss Alkohol vertragen, der durch das Einfrieren noch abgemildert wird. Natürlich geht es auch ohne Alkohol, aber an einem Sommerabend nach einem guten Essen ist so ein Dessert mit Schuss eine wunderbare Erfrischung. Mein Partner und ich löffeln Granitas gern aus geeisten Kelchen, die wir kurz tiefkühlen, während wir den Abwasch erledigen.

Eukalyptushonig-Granita

Die Zutaten mit 250 Milliliter Wasser in einem flachen Gefrierbehälter vermischen und 2 Stunden in den Gefrierschrank stellen. Dann herausnehmen und mit einer Gabel gründlich durchrühren und die Eiskristalle auflockern. Nochmals 1 Stunde in den Gefrierschrank stellen. Den Vorgang stündlich wiederholen, bis die Granita locker, aber durchgefroren ist.

Ergibt 500 ml Granita

100 g Eukalyptushonig
frisch gepresster Saft von 1 Zitrone
frisch gepresster Saft von 1 Limette
1 TL Bitterspirituose (z. B. Aperol, Averna, Campari, Suze)
40–60 ml Wodka

Blutorangen-Hibiskus-Mezcal-Granita

Die Hibiskusblüten mit 250 Milliliter Wasser in einen Topf geben und aufkochen, dann sanft köcheln lassen, bis das Wasser kräftig rosa gefärbt ist. Die Blüten mit einem Schaumlöffel abschöpfen und den Zucker einrühren, bis er vollständig gelöst ist. Den Hibiskussirup anschließend 5 bis 10 Minuten bei schwacher bis mittlerer Hitze leicht reduzieren. Abkühlen lassen, dann Honig, Orangensaft und Mezcal zugeben und gründlich verrühren.

In einen flachen Gefrierbehälter füllen und etwa 2 Stunden in den Gefrierschrank stellen. Herausnehmen und mit einer Gabel gründlich durchrühren und die Eiskristalle auflockern. Nochmals 1 Stunde in den Gefrierschrank stellen. Den Vorgang stündlich wiederholen, bis die Granita locker, aber durchgefroren ist.

Ergibt 500 ml Granita

1 EL getrocknete Hibiskusblüten
25 g Kristallzucker
75 g Yukatánhonig
frisch gepresster Saft von 2 Blutorangen
60–80 ml Mezcal

Campari-Wassermelone-Minze-Granita

Wassermelonenfleisch und Minzeblättchen in einem Mixer pürieren und im Kühlschrank 1 bis 2 Stunden durchziehen lassen.

Das Fruchtpüree durch ein Passiertuch in ein Sieb abgießen und den Saft in einem flachen Gefrierbehälter auffangen. Die restlichen Zutaten und 250 Milliliter Wasser zugeben und gründlich verrühren.

Den Behälter verschließen und 2 Stunden in den Gefrierschrank stellen, dann herausnehmen und mit der Gabel gründlich durchrühren, um die Eiskristalle aufzulockern. Nochmals 1 Stunde in den Gefrierschrank stellen. Den Vorgang stündlich wiederholen, bis die Granita locker, aber durchgefroren ist.

Ergibt 900 ml Granita

½ kleine Wassermelone (ca. 500 g Fruchtfleisch)

1 Zweig frische Minze, die Blätter abgezupft

50 g Akazienhonig

40–60 ml Campari

60-80 ml Gin

frisch gepresster Limettensaft (nach Belieben den Saft von 1 ganzen Limette)

KAPITEL 6

Getränke

228	Feuriger Ingwer-Kombucha
231	Tepache in zwei Versionen
232	Tepache Bourbon Sour
235	Bergamotte Bee's Knees
236	Stormy Black Lime
238	Smoked Mezcal Margarita
241	Sesame Old Fashioned

Feuriger Ingwer-Kombucha
ROHER WILDBLÜTENHONIG

Vereinfacht gesagt ist Kombucha ein gesüßter Tee mit einem Teepilz, den man eine Woche stehen lässt und dann abfüllt, wenn er angenehm moussiert. In der Zwischenzeit fermentiert er. Das ist alles. Ich erwähne dies, weil viele bei Fermentation eher an weniger appetitliche Dinge denken als an ein so köstliches und gesundes Getränk wie Kombucha. Rohhonig ist geschmacklich eine tolle Alternative zu dem normalerweise verwendeten Zucker und bringt seine eigenen Bakterien und Hefen mit, die die Fermentation unterstützen. Ich habe Schwarztee und Rooibostee ausprobiert, aber grüner Tee funktioniert ebenfalls. Die Kombucha-Kultur oder der SCOBY (symbiotic culture of bacteria and yeast, dt. Symbiotische Bakterien- und Hefenkultur), eine gallertartige Masse, die in den gesüßten Tee kommt, kann man in Bioläden, Reformhäusern oder online kaufen. Mit etwas morbider Faszination beobachte ich, wie unter dem Pilz ein zweiter heranwächst, den ich später an Freunde weitergebe. Ich muss zugeben, dass ich meinen angesetzten Kombucha gerade gut vier Wochen vernachlässigt habe, wobei mehr als sieben bis zehn Tage bei der Fermentation nicht empfehlenswert sind. Mein Kombucha wird essigartig sein. Aber damit kann ich noch wunderbar kochen und habe eine neue Kultur, mit der ich neuen Kombucha ansetzen kann.

Ergibt 1,5 l Kombucha

2 Beutel schwarzer Tee (Bio-Qualität)
2 Beutel Rooibostee (Bio-Qualität)
150 g roher Wildblütenhonig
1 kleine Kombucha-Kultur mit Teepilz (SCOBY) und Starterflüssigkeit
1 großes Stück Bio-Ingwer (7,5–10 cm lang)

Außerdem

3 Flaschen (0,5 l) mit Bügelverschluss

Schwarztee- und Rooibostee in einem Topf mit 1,75 Liter kochendem Wasser übergießen und 10 Minuten ziehen lassen. Die Teebeutel herausnehmen und, sobald der Tee abgekühlt ist, den Honig einrühren. Die Flüssigkeit in ein großes Einmachglas mit weiter Öffnung gießen und die Kombucha-Kultur mit der Starterflüssigkeit hineingeben. Das Glas mit einem sauberen Tuch abdecken und bei Zimmertemperatur an einem schattigen Ort sieben bis zehn Tage stehen lassen.

Nach sieben Tagen erstmals probieren. Der Zucker des Honigs sollte langsam fermentiert und die Flüssigkeit sauer werden. Schmeckt sie noch süß, sehr nach Tee und eher langweilig, einen weiteren Tag stehen lassen und erneut probieren. Wiederholen, bis die Flüssigkeit interessant, aber nicht seltsam schmeckt. Der Kombucha ist nach einer ersten Fermentation bereits trinkbar. Mehr Geschmack entwickelt er aber erst nach der zweiten Fermentation.

Nun den Ingwer abspülen und mitsamt Schale reiben, Saft und Fruchtfleisch dabei auffangen. Je 2 Esslöffel Ingwer in die Flaschen geben und mit dem fermentierten Tee auffüllen (SCOBY mit etwas Flüssigkeit für den nächsten Kombucha aufbewahren) und oben ein wenig Luft lassen. Die Flaschen verschließen und bei Zimmertemperatur an einem schattigen Ort ein bis drei Tage fermentieren lassen, bis die Flüssigkeit moussiert. Täglich kontrollieren. Nach dem Wiederverschließen moussiert der Kombucha weiter. Den fertigen Kombucha im Kühlschrank lagern. Dort hält er sich ein paar Monate. Kalt servieren.

Tepache in zwei Versionen

ROHHONIG UND YUKATÁNHONIG

DIESES Getränk! Es ist mexikanisch, fermentiert, schmeckt perfekt mit Honig, verwertet überreifes Obst, das sonst in der Tonne landen würde, ergibt grandiose Cocktails (siehe S. 232) und ist unendlich vielseitig. Muss ich mehr sagen? Nein, aber ich tu's trotzdem. Traditionell wird Tepache mit einem unraffinierten Rohrzucker namens Piloncillo und Ananasschalen hergestellt, deren natürliche Hefen die Fermentation in Gang setzen, die ein erfrischendes, süßes, würziges Getränk erzeugt. Rohhonig mit seinen eigenen Hefen und seinem vollen Geschmack ist eine gute Alternative zu Piloncillo, den man hier in London nur selten bekommt. In meinem Kühlschrank stehen einige Einmachgläser mit Tepache, manche schon länger. Nach dem vierten Glas Tepache, das ich vergessen hatte, war mir klar, dass mir eindeutig die Zeit für Tepache fehlt. Doch es stapelten sich schon weitere Gläser im Kühlschrank. Glücklicherweise sind diese »vergessenen« Kreationen alle auf ihre Weise köstlich. Ich habe zwei Versionen aufgenommen, die ich gern als meine Cuvées bezeichne, meine exklusiven Jahrgänge. Aber ich bin hier kein Vorbild. Besser ist es, sich auf dem Smartphone eine Erinnerung anzulegen und den Tepache nach zwei Tagen zu probieren!

Die Gewürze in einer heißen, trockenen Pfanne rösten, bis sie anfangen zu duften.

Den Honig in einem Gefäß in 100 Milliliter warmem Wasser lösen.

Pfirsiche oder Aprikosen halbieren, den Stein entfernen und die Hälften in ein 1-Liter-Einmachglas geben. Die gerösteten Gewürze darüberstreuen und mit dem Honigwasser aufgießen. Falls nötig, mit bis zu 150 Milliliter warmem Wasser auffüllen, bis die Früchte ganz bedeckt sind. Die Früchte mit einem Fermentiergewicht oder etwas Schwerem wie dem Stößel eines Mörsers beschweren und das Glas mit einem Passiertuch abdecken. An einem schattigen Ort bei Zimmertemperatur zwei bis vier Tage fermentieren lassen, bis sich Schaum an der Oberfläche bildet. Dann die Flüssigkeit durch ein Sieb in einen Topf abgießen. Erneut in das Einmachglas füllen und im Kühlschrank lagern. Der Tepache hält sich im Kühlschrank einige Monate (bei mir hält er nicht so lange, denn ich trinke ihn normalerweise innerhalb von 14 Tagen).

Verdünnt auf Eis mit Sprudel oder stillem Wasser servieren oder für Cocktails verwenden. Wer Tepache-Essig möchte, lässt ihn einfach weiter fermentieren. Die Pfirsich- oder Aprikosenhälften aus dem Ferment schmecken lecker zu Käse oder Aufschnitt.

Ergibt 500 ml Tepache

Für Pfirsich-Pfeffer-Tepache

1 Zimtstange (ca. 8 cm lang)
4 Gewürznelken
1 Sternanis
4 Pimentbeeren
½ TL rote Pfefferkörner
100 g Rohhonig
100 g Yukatánhonig
4 reife Bio-Pfirsiche

Für Aprikosen-Kümmel-Tepache

1 Zimtstange (ca. 8 cm lang)
4 Gewürznelken
1 Sternanis
2 Pimentbeeren
1 EL Kümmelsamen
200 g Rohhonig
6 reife Bio-Aprikosen

Tepache Bourbon Sour

Mein nächstes Buch werde ich »101 Möglichkeiten, Tepache zu nutzen« nennen.

Ein Whiskyglas in den Gefrierschrank stellen. In der Zwischenzeit die Zimtstange in einer trockenen Pfanne bei mittlerer Hitze rösten, bis sie duftet. Abkühlen lassen.

Bourbon, Zitronensaft, Tepache, Bitterlikör und Eiweiß mit reichlich Eis in einen Shaker schütteln, dann in das mit Eiswürfeln gefüllte, gekühlte Glas abseihen. Mit der Zimtstange dekoriert servieren.

Für 1 Person

1 Zimtstange

50 ml Bourbon-Whiskey

20 ml Zitronensaft

25 ml Honig-Tepache oder ein anderer Tepache nach Wunsch (siehe S. 231)

3 Spritzer Bitterlikör (z. B. Angostura)

1 EL Eiweiß

Bergamotte Bee's Knees

BORRETSCHHONIG

Ich liebe Cocktails, ich liebe Bienen, ich liebe Zitrusfrüchte – und ich liebe gute Geschichten. The Bee's Knees ist nicht nur eine wunderbare Redewendung (damit drückt man im Englischen aus, dass es »etwas Großartiges« ist), sondern ist auch ein großartiger Cocktail, der angeblich während der Prohibition in New York entstand, wo Honig und Zitrone den scharfen Geschmack des schlechten Gins übertünchen sollten. Das »offizielle« Rezept nutzt Zitronen- und Orangensaft zu gleichen Teilen und macht das Ganze wunderbar ausgewogen.

Mit Zitrusfrüchten der Saison lassen sich Cocktailklassiker wunderbar nach Lust und Laune variieren. An einem Novembertag nahm ich beim Einkaufen eine Bergamotte mit, die leicht nach Veilchen riecht und fast jedem Drink einen raffinierten Dreh verleiht. Aber Vorsicht: Der Saft der Bergamotte ist fürchterlich sauer und sollte nie komplett den Zitronen- oder Orangensaft ersetzen. Die Magie dieser Zitrusfrucht liegt in der duftenden Schale, die ich daher gleich dreifach nutze: Mit einem groben Streifen der Schale reibe ich zunächst den Glasrand ab und gebe ihn dann in den Shaker. Einen schmalen Streifen der Schale drehe ich als Deko zum Twist (eng um einen Holzspieß wickeln, sodass sich eine Korkenzieherform ergibt), und ein rundes Schalenstück (Cheek) drücke ich als Partytrick über einer Flamme aus, was das Bergamotteöl über den Drinks freisetzt.

Von diesem absolut köstlichen Grundrezept gibt es diverse Variationen: Man kann Rum statt Gin verwenden und schon hat man einen Honeysuckle. Mit Blutorangensaft und mit Sekt aufgefüllt erhält man einen Spritz in der Farbe des Sonnenuntergangs, und mit Lavendelhonig lässt sich die Veilchennote betonen.

Für 1 Person

2 TL Borretschhonig

Schale von 1 unbehandelten Bergamotte (Zitrusfrucht aus der süditalienischen Region Kalabrien): 1 grober, langer Streifen, 1 klassischer Twist, (gedrehtes Stück Schale), 1 runde Scheibe (Cheek)

50 ml Gin

25 ml Zitronensaft

1 EL Orangensaft

2 TL frisch gepresster Bergamottesaft (siehe oben)

Eine kleine Cocktailschale 10 Minuten in den Gefrierschrank stellen. Das Glas aus dem Gefrierschrank nehmen und den Rand mit dem groben Schalenstreifen abreiben. Den Honig mit einem Teelöffel heißem Wasser lösen und zusammen mit dem Schalenstreifen, Gin, Zitronen-, Orangen- und Bergamottesaft und Eis in einen Shaker geben und gründlich schütteln. In die gekühlte Schale geben und mit dem Twist garnieren.

Für den Trick mit der Flamme nehme ich das runde Stück Schale zwischen Daumen und Zeigefinger einer Hand, sodass das Äußere der Schale Richtung Drink zeigt – etwa 10 Zentimeter über der Drink-Oberfläche. Mit der anderen Hand ein Feuerzeug entzünden und das Stück Schale ein paar Sekunden lang erhitzen (Vorsicht: auf Augenbrauen und lange Haare aufpassen!). Das Stück Schale mit den Fingern zusammendrücken. Die ätherischen Öle schießen über dem Getränk heraus und flammen im Feuer kurz auf!

Stormy Black Lime

BUCHWEIZENHONIG

Für eine intensivere Färbung kann der Rum ruhig über Nacht, für eine Woche oder sogar länger mit der Loomi ziehen, einer »mumifizierten« Schwarzen Limette, die in Salzwasser gekocht und anschließend getrocknet wurde.

Ein Highball-Glas in den Gefrierschrank stellen. Die Loomi mit einem scharfen Wellenschliffmesser in vier Scheiben schneiden.

Für den Honigsirup in einem Schälchen 1 Teelöffel Honig in 1 Teelöffel heißem Wasser lösen (Verhältnis 1:1).

Das Glas aus dem Gefrierschrank nehmen und mit Eiswürfeln füllen.

Den Honigsirup mit den Loomischeiben, Ingwer, Rum, Limettensaft, Bitterlikör und Eis in einem Shaker kräftig schütteln und in das Glas abseihen.

Eine Scheibe Loomi und eine Ingwerscheibe ins Glas geben, mit Ginger Beer auffüllen und kurz umrühren.

Für 1 Person

1 ganze Loomi (Schwarze Limette)

2 TL Sirup aus Buchweizenhonig (Verhältnis 1:1, siehe Zubereitung)

1 Scheibe frischer Ingwer

50 ml dunkler Spiced Rum

4 TL Limettensaft

4 Spritzer Bitterlikör (z. B. Angostura)

90 ml kräftiges Ginger Beer (nicht zu süß)

Smoked Mezcal Margarita

GERÄUCHERTER HONIG

Jedem steht frei, was er verwendet: geräucherte Limetten ODER geräucherten Honig oder nur geräucherten Mezcal, aber ich liebe kräftige Drinks und räuchere manchmal gleich alle drei Zutaten. Wer die Limetten und den Honig selbst räuchert, sollte sanft vorgehen und mehrfach probieren, damit sie danach nicht zu streng nach Kneipenteppich schmecken. Dieser Drink passt wunderbar zu den Tacos auf Seite 100 und 103 oder zum Honig-Limetten-Hähnchen auf Seite 126.

Ein Whiskyglas in den Gefrierschrank stellen. Während das Glas kühlt, die Limetten und den Honig räuchern, falls gewünscht.

Zum Räuchern eine Handvoll Bio-Holzkohle auf einer Seite eines Kugelgrills entzünden. Sobald sie heiß ist, ein kleines Stück Räucherholz (z. B. Kirschholz oder eingeweichte Räucher-Chips) dazugeben und den Grillrost darüberlegen. Die Limette halbieren und die Hälften mit möglichst großem Abstand zu Kohle und Räucherholz auf den Grillrost legen. Den Honig in einer ofenfesten Schale daneben stellen. Die Haube des Grills schließen, die Ventile leicht öffnen und etwa 20 Minuten räuchern. Die geräucherten Limetten und den Honig vom Grillrost nehmen. Den Limettensaft auspressen und beiseitestellen.

Das Tajin-Gewürz auf einem kleinen Teller verteilen. Das Glas aus dem Gefrierschrank nehmen. Den Rand des Glases mit einer geräucherten Limettenhälfte anfeuchten und im Tajin-Gewürz drehen. Anschließend das Glas mit Eiswürfeln füllen und die Chilischeibe hineingeben. Mezcal, Honig und Limettensaft mit Eiswürfeln in einem Shaker gründlich schütteln, dann in das Glas abseihen.

Für 1 Person

1 EL Limettensaft (nach Belieben den Saft von 1 geräucherten, unbehandelten Limette, siehe Zubereitung und S. 65)

1 EL Honig (nach Belieben geräuchert, siehe Zubereitung und S. 65)

1 EL Tajin (mexikan. Gewürzmischung)

1 feine Scheibe von einer roten Chilischote

60 ml Mezcal

Sesame Old Fashioned

GERÄUCHERTER HONIG, KASTANIEN- ODER EICHENHONIG

Wie man an der häufigen Verwendung von Sesam in diesem Buch erkennen kann, sind Sesam und Honig für mich eine wunderbare Kombination. Die Idee, gerösteten Sesam in einen Old Fashioned zu bringen, stammt vom sizilianischen Sommelier Santo Borzi der Bar 190 im Londoner Hotel The Gore und nennt sich »Fat Washing«. Das Fett ist in diesem Fall das Sesamöl – und das Ergebnis schmeckt phänomenal. Borzi präsentiert sein Meisterwerk unter einer Glashaube mit Rauch. In meinem Rezept ersetze ich den klassischen Zuckersirup durch geräucherten Honig. Die Whiskey-Infusion ist ein wenig zeitaufwendiger, denn sie muss über Nacht kühl stehen. Ich empfehle, das übrige Sesam-Whiskey-Öl mit etwas Sojasauce, Reisessig und Ingwer zum Glasieren eines Honig-Limetten-Hähnchens (siehe S. 126) zu verwerten.

Zuerst die Whiskey-Infusion vorbereiten. Dazu den Whiskey in ein großes Einmachglas gießen. Das Sesamöl in einem kleinen Topf sanft auf etwas mehr als Körpertemperatur (etwa 37 °C) erhitzen, dann in den Whiskey einrühren. Die Mischung vom Herd nehmen und unter einmaligem sanftem Umrühren pro Stunde sechs Stunden stehen lassen. Anschließend das Glas verschließen und über Nacht in den Gefrierschrank stellen. Das Öl setzt sich als Fettschicht oben ab.

Die Schicht aus gefrorenem Fett abschöpfen und entsorgen. Die Whiskyinfusion durch zwei ineinandergesteckte Kaffeefilter oder zwei Passiertücher abgießen, um möglichst alle Fettreste zu entfernen (falls nötig, noch einmal filtern). Den Whiskey in ein sauberes Einmachglas oder eine Flasche füllen, verschließen und bei Zimmertemperatur lagern. Er hält sich gut zwei Wochen.

Für die Zubereitung des Cocktails den Sesam-Whiskey, Bitterlikör und Honig in einen mit Eiswürfeln gefüllten Shaker geben und 1 Minute gründlich schütteln oder in einem großen Glas verrühren. Einen großen Eiswürfel in einen Whisky-Tumbler geben und den Drink darüber abseihen. Mit dem Orangen-Twist garnieren.

Für 1 Person

40–60 ml Sesam-Whiskey, siehe Zubereitung

3 Spritzer Bitterlikör (z. B. Angostura)

1 EL Honig geräucherter Honig, siehe S. 65 und S. 238, mit einem Tropfen heißem Wasser verdünnt

1 Cocktail-Twist (gedrehtes Stück abgezogene Schale) von 1 unbehandelten Orange, zum Garnieren

Für die Whiskeyinfusion mit Sesam

250 ml Bourbon-Whiskey

60 ml geröstetes Sesamöl

Register

A
Ackerbohnenhonig: 39
  Parched Peas mit geröstetem Fenchel, Knoblauch-Kartoffelstampf und eingelegtem Pfeffer 110–112
  Ahornhonig (Selbst geräucherter Honig) 65
Akazienhonig: 25, 26, 30, 39
  Campari-Wassermelone-Minze-Granita 223
  Gerösteter Radicchio mit Karotten-Pickles und Sesam-Thunfisch 88
  Paprenjaci – kroatische Pfefferkuchen 171
  Wabenbrot – Khaliat (al) Nahal 160–162
Amarettoeis mit Honigfeigen 220
Äpfel: Tarte Tatin mit Honig 191–193
Apfelblütenhonig: 39, 42
  Amarettoeis mit Honigfeigen 220
  Haselnussbaiser mit Honig-Mascarpone und Quitten 230
  Tarte Tatin mit Honig 191–193
Apis cerana 39
Apis mellifera 39, 41
Aprikosen-Fenchel-Schnecken 144–149
Aprikosen:
  Aprikosen-Kümmel-Tepache 231
  Aprikosen-Fenchel-Schnecken 144–145
  Hähnchenflügel mit scharfer Aprikosenmarinade 99
  Süße Safranbrötchen mit Aprikosen 154
Äthiopien 31
Auberginen:
  Rindfleisch-Auberginen-Curry 129
Avocado: Tacos mit süß-scharfem Honig-Chipotle-Lamm 103

B
Babkas 156–157
Baiser: 29
  Haselnussbaiser mit Honig-Mascarpone und Quitten 203
  Pistazien-Pavlova mit Lavendelhonig und geröstetem Pfirsich 194–196
  Zitronenkuchen mit Blütenpollen und Baiserhaube 204
Baked Beans, Schnelle 96
Baklava 174–175
Baskischer Käsekuchen mit Kardamom 200
Bäume für Bienen 51, 58
Beete erweitern 52
Bergamotte Bee's Knees 235
Bestäubung 45–49
Bienen:
  Arbeiterinnen 11, 12, 15, 16, 33, 35, 45, 46, 48
  Bestäubung 45–49
  Bienenarten 48
  Bienenköniginnen 11, 12, 15, 16, 18, 20
  Blütenkarte: Wie Bienen Blüten finden 48
  Drohnen 15, 20
  Eier 11
Bienenschwärme 15, 16, 18
Bienenstöcke:
  Fermentation im Bienenstock 31–33
  Honigmenge pro Jahr 45
  Temperatur im Bienenstock 11, 25
  Überwintern 11–12, 23
Bienenwachs 11, 16, 20, 23
Birkenhonig (Selbst geräucherter Honig) 65
Birnen:
  Radicchio-Birnen-Salat mit Fritto misto 91
  Biryani mit Fleisch vom Zicklein, Jackfruit und Limetten 130

Blätterteig:
  Tarte Tatin mit Honig 191–193
Blühkalender 54
Blüten: 42, 49, 54
  Bestäubung 46–49
Blühzeiten: 54
  Chelsea Chop (Chelsea-Schnitt) 57
  Wie Bienen Blumen finden 48
Blütenpollen: 15, 33, 42, 46, 51
  Pistazien-Baklava mit Hibiskus-Honig-Sirup und Blütenpollen 174
  Zitronenkuchen mit Blütenpollen und Baiserhaube 204
Blumenkohl:
  Tacos mit Jackfruit und Blumenkohl in Annatto-Marinade 100
Blutorange:
  Blutorangen-Hibiskus-Mezcal-Granita 222
  Mandel-Schokoladen-Babka mit Blutorangensirup 157
Borretschhonig: 39
  Bergamotte Bee's Knees 235
  Honig-Dulce-Eiscreme 219
  Tomaten mit Limette, Honig und schwarzem Knoblauch 85
Boston Baked Beans 96
Bourbon:
  Tepache Bourbon Sour 30, 232
Briouats 181–183
Brombeerhonig: 39
  Ricottaeis mit geröstetem Sesam 216
  Zitronenkuchen mit Blütenpollen und Baiserhaube 204
Brot:
  Honigtoast-Eiscreme 215
  Sauerteigbrot mit Knoblauch fermentiertem Honig und Miso 140–143

Wabenbrot – Khaliat (al)
Nahal 160–162
Zitronen-Focaccia 152–153
Brötchen:
Süße Safranbrötchen mit
Aprikosen 154
Buchweizenhonig: 26, 30, 39
Rot geschmorter Schweine-
bauch mit Honig 136
Stormy Black Lime 236
Bulgur:
Lammkoteletts mit würzigem
Couscous-Bulgur, Granat-
apfel und Sherryessig
113–115
Burrata:
Gerösteter Kürbis mit
Palmkohl, Burrata,
eingelegten Pilzen und
Röstzwiebeln 106
Buttermilchdressing mit
Harissa 72

C
Campari-Wassermelone-
Minze-Granita 223
Cavolo nero (Palmkohl):
Gerösteter Kürbis mit
Palmkohl, Burrata,
eingelegten Pilzen und
Röstzwiebeln 106
Rote Bete mit Cavolo nero,
Paprika, Haselnüssen
und Dill 109
Chebakia 178–180
Chelsea Chop (Chelsea-
Schnitt), 57
Chemikalien 54, 57
Chili-Knoblauch-Garnelen
92
Chilischoten:
Chipotle-Chilisauce mit
Sauerkirschen 73
Garnelen mit Chili und
Knoblauch 92
Geröstete Karotten mit
Ingwer, Chili und Schnitt-
lauch 82
Hähnchenflügel mit scharfer
Aprikosenmarinade 99

Chinakohl:
Fenchel-Kimchi 68–69
Chipotle:
Tacos mit süß-scharfem
Honig-Chipotle-Lamm
103
Chipotle-Chilisauce mit
Sauerkirschen 73
Cook, Eliza 42
Couscous:
Lammkoteletts mit würzigem
Couscous-Bulgur, Granat-
apfel und Sherryessig
113–115
Crumpets mit Honig – eine
Kindheitserinnerung 81
Curry:
Biryani mit Fleisch vom
Zicklein, Jackfruit und
Limetten 130
Rindfleisch-Auberginen-
Curry 129
Custard Tart 188–190

D
Daikon-Rettich:
Fenchel-Kimchi 68–69
Distelhonig: 40
Geräucherte Entenbrust mit
Gurke und chinesischen
Nudeln 119
Rindfleisch-Auberginen-
Curry 129
Würzige Haxe vom Zicklein
mit Salzzitronen
132–133
Doppelrahm-Frischkäse:
Baskischer Käsekuchen
mit Kardamom 200
Wabenbrot – Khaliat
(al) Nahal 160–162
Dressing:
Buttermilchdressing mit
Harissa 72
Drohnen (Bienen) 15, 20
Dulce de Leche:
Honig-Dulce-Eiscreme 219
Michelle Polzines' Schicht-
torte 207–208
Düngemittel 43

E
Efeu 55
Eichenhonig: 40
Maronen-Madeleines mit
Honig und Orangenglasur
163–165
Selbst geräucherter Honig
65
Sesame Old Fashioned 241
Eier:
Baskischer Käsekuchen
mit Kardamom 200
Custard Tart 188–190
Lemon Curd 74
Pistazien-Pavlova mit La-
vendelhonig und geröste-
tem Pfirsich 194–196
Schnelle Boston Baked
Beans 96
Zitronenkuchen mit Blüten-
pollen und Baiserhaube
204
Eiscreme:
Amarettoeis mit Honigfeigen
220
Honig-Dulce-Eiscreme
219
Honigtoast-Eiscreme 215
Ricottaeis mit geröstetem
Sesam 216
Ente:
Geräucherte Entenbrust mit
Gurke und chinesischen
Nudeln 119–121
Erdnusskerne:
Maiskuchen mit Honig und
Nüssen 197
Erhitzen 26
Eukalyptushonig: 30, 40
Eukalyptushonig-Granita 222
Marokkanische Mandel-
Briouats 181–183

F
Feigen:
Amarettoeis mit Honigfeigen
220
Fermentierter Honig 62
Panna cotta mit Feigenblatt
210

Feingebäck:
  Aprikosen-Fenchel-Schnecken (eine Liebeserklärung an Pohams Bakery) 144–149
Fenchel:
  Fenchel-Kimchi 68–69
  Parched Peas mit geröstetem Fenchel, Knoblauch-Kartoffelstampf und eingelegtem Pfeffer 110–112
  Radicchio-Birnen-Salat mit Fritto misto 91
Fenchelsamen:
  Aprikosen-Fenchel-Schnecken 144–149
  Gerösteter Kürbis mit Palmkohl, Burrata, eingelegten Pilzen und Röstzwiebeln 106
Fermentation:
  Fenchel-Kimchi 68–69
  Fermentierter Honig 62
  Honig fermentieren 30–31
Filoteig:
  Mandel-Walnuss-Baklava mit Ingwer und Orangenblüten-Honig-Sirup 175
  Marokkanische Mandel-Briouats 181–183
  Pistazien-Baklava mit Hibiskus-Honig-Sirup und Blütenpollen 174
Fisch:
  Gerösteter Radicchio mit Karotten-Pickles und Sesam-Thunfisch 88
  Lachs Saikyo-yaki 116
Fladenbrot 132–133
Frühjahrsblütenhonig 36
Frühling im Imkerjahr 11–15
Fruktose 25–26, 29, 33

G
Garnelen mit Chili und Knoblauch 92
Garten und Bienen: 42
  Bienenfreundlich Gärtnern 49
  Bienenfreundliche Gartenpflege 56–57
  Gartenentwurf und Bepflanzung 52–53
  Pflanzenempfehlungen 58–59

Gegrillter Salat mit Rauchmandeln und Senf-Vinaigrette 86
Geräucherte Entenbrust mit Gurke und chinesischen Nudeln 119–121
Geräucherter Honig: 30, 65
  Chipotle-Chilisauce mit Sauerkirschen 73
  Garnelen mit Chili und Knoblauch 92
  Hähnchenflügel mit scharfer Aprikosenmarinade 99
  Honig-Limetten-Hähnchen mit Kartoffeln und Mais 126
  Seidige Kürbis-Pastasauce oder Kürbissuppe 95
  Sesame Old Fashioned 241
  Smoked Mezcal Margarita 238
Geröstete Karotten mit Ingwer, Chili und Schnittlauch 82
Gerösteter Kürbis mit Palmkohl, Burrata, eingelegten Pilzen und Röstzwiebeln 106
Gerösteter Radicchio mit Karotten-Pickles und Sesam-Thunfisch 88
Getränke: 30–31, 226–241
  Aprikosen-Kümmel-Tepache 231
  Bergamotte Bee's Knees 235
  Feuriger Ingwer-Kombucha 228
  Pfirsich-Pfeffer-Tepache 231
  Sesame Old Fashioned 241
  Smoked Mezcal Margarita 238
  Stormy Black Lime 236
  Tepache Bourbon Sour 30, 232
Getreide:
  Lammkoteletts mit würzigem Couscous-Bulgur, Granatapfel und Sherryessig 113–115
Gin:
  Bergamotte Bee's Knees 235
  Campari-Wassermelone-Minze-Granita 223

Ginger Beer:
  Stormy Black Lime 236
Glasur:
  Orangenglasur 163
Glukose 25–26, 33
Godwin, Richard 30
Goulson, Dave 54
Granatapfel:
  Lammkoteletts mit würzigem Couscous-Bulgur, Granatapfel und Sherryessig 113–115
Granita:
  Blutorangen-Hibiskus-Mezcal 222
  Campari-Wassermelone-Minze-Granita 223
  Eukalyptushonig-Granita 222
Grapefruit:
  Radicchio-Birnen-Salat mit Fritto misto 91
Griechischer Thymianhonig:
  Loukoumades – griechische Krapfen 170
Grüne Bohnen:
  Gegrillter Salat mit Rauchmandeln und Senf-Vinaigrette 86
Gurke:
  Geräucherte Entenbrust mit Gurke und chinesischen Nudeln 119–121

H
Haferbrei 78
Hähnchen:
  Hähnchenflügel mit scharfer Aprikosenmarinade 99
  Honig-Limetten-Hähnchen mit Kartoffeln und Mais 126
Harissa:
  Buttermilchdressing mit Harissa 72
  Rote Bete mit Cavolo nero, Paprika, Haselnüssen und Dill 109
Haselnusskerne:
  Haselnussbaiser mit Honig-Mascarpone und Quitten 203
  Rote Bete mit Cavolo nero, Paprika, Haselnüssen und Dill 109

Heidehonig: 18, 19, 40
  Custard Tart 188–190
  Panna cotta mit Feigenblatt 210
  Süße Safranbrötchen mit Aprikosen 154
Herbizide 43, 57
Herbst im Imkerjahr 20
Hibiskusblüten:
  Blutorangen-Hibiskus-Mezcal-Granita 222
  Pistazien-Baklava mit Hibiskus-Honig-Sirup und Blütenpollen 174
Himbeeren:
  Mandel-Himbeerkuchen mit Thymian 184
Honig:
  Feuchtigkeitsgehalt 29
  Geschichte 25, 26, 30, 31
  Honig als Getränk 30–31
  Honig erhitzen 26–29
  Honig fermentieren 30–31
  Honigterroir 32–43
  Honigernte 20
  Honigsorten 39–41
  Kristallisation 25–26
  Mit Honig kochen 24–29
Honigernte 20
Honigfeigen 220
Honigtoast-Eiscreme 215
Hummeln 52, 56, 57

I / J
Imkerhonig 36
Imkerjahr 10–23
Impfen (Honig und Kristallisation) 26
Ingwer:
  Feuriger Ingwer-Kombucha 228
  Geröstete Karotten mit Ingwer, Chili und Schnittlauch 82
  Mandel-Walnuss-Baklava mit Ingwer und Orangenblüten-Honig-Sirup 175
Jackfruit:
  Biryani mit Fleisch vom Zicklein, Jackfruit und Limetten 130
  Tacos mit Jackfruit und Blumenkohl in Annatto-Marinade 100

Joghurt:
  Honig-Limetten-Hähnchen mit Kartoffeln und Mais 126
  Lammkoteletts mit würzigem Couscous-Bulgur, Granatapfel und Sherryessig 113–115
  Orangen-Joghurtkuchen mit Kardamom 185
  Pistazien-Pavlova mit Lavendelhonig und geröstetem Pfirsich 194–196
  Rote Bete mit Cavolo nero, Paprika, Haselnüssen und Dill 109

K
Kaffir-Limettenblätter:
  Biryani mit Fleisch vom Zicklein, Jackfruit und Limetten 130
  Rippchen mit Pflaumenmarinade und Limetten-Krautsalat 122
Kamille 52
Karamell:
  Honig-Dulce-Eiscreme 219
  Michelle Polzines' Schichttorte 207–208
Kardamom:
  Baskischer Käsekuchen mit Kardamom 200
  Kardamom-Haferbrei 78
  Orangen-Joghurtkuchen mit Kardamom 185
  Pistazien-Babka mit Rosenwassersirup 156–157
Karotten:
  Fenchel-Kimchi 68–69
  Geröstete Karotten mit Ingwer, Chili und Schnittlauch 82
  Gerösteter Radicchio mit Karotten-Pickles und Sesam-Thunfisch 88
Kartoffeln:
  Honig-Limetten-Hähnchen mit Kartoffeln und Mais 126
  Parched Peas mit geröstetem Fenchel, Knoblauch-Kartoffelstampf und eingelegtem Pfeffer 110–112
Käsekuchen 200

Kastanienhonig: 25, 40
  Sesame Old Fashioned 241
Kastanienmehl:
  Maronen-Madeleines mit Honig und Orangenglasur 163–165
Kastenkuchen 184–185
Khaliat (al) Nahal (Wabenbrot) 160–162
Kiefernhonig: 40
Kirschblütenhonig (Selbst geräucherter Honig) 65
Klee 40, 42–43, 52
Kleehonig: 26, 40, 43
  Crumpets mit Honig – eine Kindheitserinnerung 81
  Custard Tart 188–190
  Honigtoast-Eiscreme 215
  Kardamom-Haferbrei 78
  Lemon Curd 74
Kletterpflanzen 54
Knoblauch:
  Fermentierter Honig 62
  Garnelen mit Chili und Knoblauch 92
  Parched Peas mit geröstetem Fenchel, Knoblauch-Kartoffelstampf und eingelegtem Pfeffer 110–112
  Sauerteigbrot mit Knoblauch fermentiertem Honig und Miso 140–143
  Tomaten mit Limette, Honig und schwarzem Knoblauch 85
Kohl:
  Biryani mit Fleisch vom Zicklein, Jackfruit und Limetten 130
  Gegrillter Salat mit Rauchmandeln und Senf-Vinaigrette 86
  Limetten-Krautsalat 122
Kombucha:
  Feuriger Ingwer-Kombucha 228
Kopfsalat:
  Gegrillter Salat mit Rauchmandeln und Senf-Vinaigrette 86
Krautsalat:
  Limetten-Krautsalat 122
Kristallisation (Honig) 25–26

Kuchen und Torten:
  Kastenkuchen 184–185
  Maiskuchen mit Honig und Nüssen 197
  Mandel-Himbeerkuchen mit Thymian 184
  Michelle Polzines' Schichttorte 207–208
  Orangen-Joghurtkuchen mit Kardamom 185
  Schichttorte mit Kaffee und Walnusskernen 209
  Zitronenkuchen mit Blütenpollen und Baiserhaube 204
Kümmelsamen:
  Aprikosen-Kümmel-Tepache 231
Kürbis:
  Gerösteter Kürbis mit Palmkohl, Burrata, eingelegten Pilzen und Röstzwiebeln 106
  Seidige Kürbis-Pastasauce oder Kürbissuppe 95

L
Lachs Saikyo-yaki 116
Lamm:
  Lammkoteletts mit würzigem Couscous-Bulgur, Granatapfel und Sherryessig 113–115
  Tacos mit süß-scharfem Honig-Chipotle-Lamm 103
Lavendelhonig: 29, 41
  Aprikosen-Fenchel-Schnecken 144–149
  Pistazien-Pavlova mit Lavendelhonig und geröstetem Pfirsich 194–196
Lemon Curd 74
Limetten:
  Honig-Limetten-Hähnchen mit Kartoffeln und Mais 126
  Smoked Mezcal Margarita 238
  Stormy Black Lime 236
  Tomaten mit Limette, Honig und schwarzem Knoblauch 85
Lindenhonig: 41
  Biryani mit Fleisch vom Zicklein, Jackfruit und Limetten 130
  Loukoumades – griechische Krapfen 170

M / N
Madeleines:
  Maronen-Madeleines mit Honig und Orangenglasur 163–165
Mais:
  Honig-Limetten-Hähnchen mit Kartoffeln und Mais 126
  Maiskuchen mit Honig und Nüssen 197
Mandeln:
  Gegrillter Salat mit Rauchmandeln und Senf-Vinaigrette 86
  Marokkanische Halwa Chebakia 178–180
  Marokkanische Mandel-Briouats 181–183
  Mandel-Himbeerkuchen mit Thymian 184
  Mandel-Schokoladen-Babka mit Blutorangensirup 157
  Mandel-Walnuss-Baklava mit Ingwer und Orangenblüten-Honig-Sirup 175
Mango: Fermentierter Honig 62
Manukahonig: 18, 40, 41
  Marokkanische Halwa Chebakia 178–180
  Marokkanische Mandel-Briouats 181–183
  Maronen-Madeleines mit Honig und Orangenglasur 163–165
Mascarpone:
  Haselnussbaiser mit Honig-Mascarpone und Quitten 203
Met 30–31
Mezcal:
  Blutorangen-Hibiskus-Mezcal-Granita 220
  Smoked Mezcal Margarita 238
Milch:
  Kardamom-Haferbrei 78
Milchsäurebakterien 33
Minze:
  Campari-Wassermelone-Minze-Granita 223
  Lammkoteletts mit würzigem Couscous-Bulgur, Granatapfel und Sherryessig 113–115
Mischhonig 36

Miso:
  Lachs Saikyo-yaki 114
  Sauerteigbrot mit Knoblauch fermentiertem Honig und Miso 140–143
Mit Knoblauch fermentierter Honig: 31
  Gegrillter Salat mit Rauchmandeln und Senf-Vinaigrette 86
  Geröstete Karotten mit Ingwer, Chili und Schnittlauch 82
  Sauerteigbrot mit Knoblauch fermentiertem Honig und Miso 140–143
  Zitronen-Focaccia 152–153
Nektar 42, 45, 46, 48, 57
Neonikotinoide 43, 54
Noble, Simon 17
Nudeln:
  Geräucherte Entenbrust mit Gurke und chinesischen Nudeln 119–121

O
Obstblütenhonig 36, 42
Orangen:
  Blutorangen-Hibiskus-Mezcal-Granita 222
  Mandel-Schokoladen-Babka mit Blutorangensirup 175
  Orangen-Joghurtkuchen mit Kardamom 185
Orangenblütenhonig: 41
  Baklava 174–175
  Baskischer Käsekuchen 200
  Mandel-Schokoladen-Babka mit Blutorangensirup 157
  Marokkanische Halwa Chebakia 178–180
  Marokkanische Mandel-Briouats 181–183
  Lammkoteletts mit würzigem Couscous-Bulgur, Granatapfel und Sherryessig 113–115
  Orangen-Joghurtkuchen mit Kardamom 185
  Süditalienische Scauratielli 166
Orangenglasur 163–165

P / Q
Panna cotta mit Feigenblatt 210
Paprenjaci – kroatische Pfefferkuchen 171
Paprika:
　Rote Bete mit Cavolo nero, Paprika, Haselnüssen und Dill 109
　Parched Peas mit geröstetem Fenchel, Knoblauch-Kartoffelstampf und eingelegtem Pfeffer 110–112
Pasta:
　Seidige Kürbis-Pastasauce oder Kürbissuppe 95
Pavlova:
　Pistazien-Pavlova mit Lavendelhonig und geröstetem Pfirsich 194–196
Pestizide 43, 54, 57
Pfefferkörner:
　Parched Peas mit geröstetem Fenchel, Knoblauch-Kartoffelstampf und eingelegtem Pfeffer 110–112
　Pfirsich-Pfeffer-Tepache 231
Pfirsiche:
　Pistazien-Pavlova mit Lavendelhonig und geröstetem Pfirsich 194–196
Pflanzen:
　Bestäubung 46–49
　Pflanzenempfehlungen 58–59
　Pflanzkübel und Töpfe 55
Pflaumen:
　Rippchen mit Pflaumenmarinade und Limetten-Krautsalat 122
Pheromone 48
Pickles:
　Eingelegte Karotten 88
　Schnelle marinierte Pilze 66
Pilze:
　Geröstete Pilze süßsauer 66
　Gerösteter Kürbis mit Palmkohl, Burrata, eingelegten Pilzen und Röstzwiebeln 106
　Schnelle marinierte Pilze 66
Pistazien:
　Pistazien-Baklava mit Hibiskus-Honig-Sirup und Blütenpollen 174
　Pistazien-Pavlova mit Lavendelhonig und geröstetem Pfirsich 194–196
Pollenbestimmung 59
Propolis 11, 12
Quitten:
　Haselnussbaiser mit Honig-Mascarpone und Quitten 203

R
Radicchio:
　Gerösteter Radicchio mit Karotten-Pickles und Sesam-Thunfisch 88
　Radicchio-Birnen-Salat mit Fritto misto 91
Radieschen:
　Fenchel-Kimchi 68–69
Raps 26, 36, 42
Reis:
　Biryani mit Fleisch vom Zicklein, Jackfruit und Limetten 130
　Ricottaeis mit geröstetem Sesam 216
　Rindfleisch-Auberginen-Curry 129
Robinienhonig 39
Rohhonig: 26, 35, 36
　Aprikosen-Kümmel-Tepache 231
　Fenchel-Kimchi 68–69
　Fermentierter Honig 62
　Pfirsich-Pfeffer-Tepache 231
　Zitronen-Focaccia 152–153
Rosenblätter:
　Haselnussbaiser mit Honig-Mascarpone und Quitten 203
Rosenwasser:
　Pistazien-Babka mit Rosenwassersirup 156–157
　Rote Bete mit Cavolo nero, Paprika, Haselnüssen und Dill 109
Rundtanz der Biene 48

S
Sahne:
　Baskischer Käsekuchen mit Kardamom 200
　Custard Tart 188–190
　Feigeneis mit Amaretto 220
　Honig-Dulce-Eiscreme 219
　Honigtoast-Eiscreme 215
　Michelle Polzines' Schichttorte 207–208
　Panna cotta mit Feigenblatt 210
　Pistazien-Pavlova mit Lavendelhonig und geröstetem Pfirsich 194–196
　Ricottaeis mit geröstetem Sesam 216
Salate:
　Gegrillter Salat mit Rauchmandeln und Senf-Vinaigrette 86
　Gerösteter Radicchio mit Karotten-Pickles und Sesam-Thunfisch 88
　Radicchio-Birnen-Salat mit Fritto misto 91
Samenstände 57
Sauerteig: 33
　Sauerteigbrot mit Knoblauch fermentiertem Honig und Miso 140–143
Scauratielli, Süditalienische 166
Schichttorte mit Kaffee und Walnusskernen 209
Schokolade:
　Mandel-Schokoladen-Babka mit Blutorangensirup 157
Schwänzeltanz der Biene 48
Schwein:
　Rippchen mit Pflaumenmarinade und Limetten-Krautsalat 122
　Rot geschmorter Schweinebauch mit Honig 136
　Seidige Kürbis-Pastasauce oder Kürbissuppe 95
Selbst geräucherter Honig: 65
　Chipotle-Chilisauce mit Sauerkirschen 73
　Garnelen mit Chili und Knoblauch 92
　Hähnchenflügel mit scharfer Aprikosenmarinade 99
　Seidige Kürbis-Pastasauce oder Kürbissuppe 95
Senf:
　Gegrillter Salat mit Rauchmandeln und Senf-Vinaigrette 86

249

Sesamsamen:
 Gerösteter Radicchio mit Karotten-Pickles und Sesam-Thunfisch 88
 Marokkanische Halwa Chebakia 178–180
 Ricottaeis mit geröstetem Sesam 216
Sesam-Whiskey-Infusion:
 Sesame Old Fashioned 241
Sherryessig:
 Lammkoteletts mit würzigem Couscous-Bulgur, Granatapfel und Sherryessig 113–115
Smoked Mezcal Margarita 238
Sommer im Imkerjahr 16–19
Sortenhonig 36
Stachelbeeren:
 Fermentierter Honig 62
 Stormy Black Lime 236
Strandfliederhonig: 41
 Lachs Saikyo-yaki 116
 Süditalienische Scauratielli 166
Sukrose 29
Suppe:
 Seidige Kürbis-Pastasauce oder Kürbissuppe 95

T
Tacos:
 Tacos mit Jackfruit und Blumenkohl in Annatto-Marinade 100
 Tacos mit süß-scharfem Honig-Chipotle-Lamm 103
Tartes:
 Custard Tart 188–190
 Tarte Tatin mit Honig 191–193
 Zitronenkuchen mit Blütenpollen und Baiserhaube 204
Tepache:
 Aprikosen-Kümmel-Tepache 231
 Pfirsich-Pfeffer-Tepache 231
 Tepache Bourbon Sour 232
 Tepache in zwei Versionen 231

Terroir 32–43
Thixotropie (bei Honig) 16
Thymianhonig: 41
 Gerösteter Kürbis mit Palmkohl, Burrata, eingelegten Pilzen und Röstzwiebeln 106
 Mandel-Himbeerkuchen mit Thymian 184
Tomaten:
 Rindfleisch-Auberginen-Curry 129
 Tomaten mit Limette, Honig und schwarzem Knoblauch 85
Trachtlücken im Juni 58
Tupelohonig: 41
 Maiskuchen mit Honig und Nüssen 197
 Rippchen mit Pflaumenmarinade und Limetten-Krautsalat 122
 Tacos mit süß-scharfem Honig-Chipotle-Lamm 103

V / W
Versiegelung von Flächen 55
Wabenbrot – Khaliat (al) Nahal 160–162
Waldhonig (Mischhonig) 36
Walnusskerne:
 Loukoumades – griechische Krapfen 170
 Mandel-Walnuss-Baklava mit Ingwer und Orangenblüten-Honig-Sirup 175
 Paprenjaci – kroatische Pfefferkuchen 171
 Schichttorte mit Kaffee und Walnusskernen 209
Warqa-Teig:
 Marokkanische Mandel-Briouats 181–183
Wassermelone:
 Campari-Wassermelone-Minze-Granita 223
Weiden und Wiesen (Grünland) 42
Whiskey:
 Sesame Old Fashioned 241
Wildbienen 57
Wildblumen 51

Wildblütenhonig: 36, 41, 42
 Feuriger Ingwer-Kombucha 228
 Honig-Dulce-Eiscreme 219
 Michelle Polzines' Schichttorte 207–208
 Pistazien-Babka mit Rosenwassersirup 156–157
 Radicchio-Birnen-Salat mit Fritto misto 91
Winter im Imkerjahr 23
Wodka:
 Eukalyptushonig-Granita 222
 Würzige Haxe vom Zicklein mit Salzzitronen 132–133
Wyndham Lewis, Sarah 51

Y
Yukatánhonig: 41
 Aprikosen-Kümmel-Tepache 231
 Blutorangen-Hibiskus-Mezcal-Granita 222
 Buttermilchdressing mit Harissa 72
 Pfirsich-Pfeffer-Tepache 231
 Rote Bete mit Cavolo nero, Paprika, Haselnüssen und Dill 109
 Tacos mit Jackfruit und Blumenkohl in Annatto-Marinade 100

Z
Zicklein / Ziege:
 Biryani mit Fleisch vom Zicklein, Jackfruit und Limetten 130
 Würzige Haxe vom Zicklein mit Salzzitronen 132–133
Zitronen:
 Lemon Curd 74
 Zitronenkuchen mit Bütenpollen und Baiserhaube 204
 Würzige Haxe vom Zicklein mit Salzzitronen
 Zitronen-Focaccia 152–153
Zwiebelpflanzen 52, 57

Danke!

Dieses Buch würde ohne meine fabelhafte Redakteurin Harriet Webster nicht existieren. Ich danke Harry, dass sie mir nicht nur die Chance gegeben hat, dieses Buch zu schreiben, sondern sich beständig für meine Ideen eingesetzt hat. Ich danke Emily Lapworth, Kim Lightbody, Anna Wilkins, Tamara Vos, Emma Cantlay, Charlotte Whatcott und Florence Blair für ihre unglaubliche Arbeit. Danke auch an Mark Diacono für weise Worte und Ermunterungen, und an Emily Sweet, dass sie Potenzial in mir gesehen hat.

Ich danke Michelle Polzine, Christine Benlafquih und Helen Graves dafür, dass sie mir erlaubt haben, ihre wunderbaren Rezepte in diesem Buch zu nutzen. Mein Dank geht auch an Quality Chop House, Yotam Ottolenghi, Ixta Belfrage, Dishoom, Claire Ptak, Flor, Honey & Co, Popham's, Raymond Blanc, Richard Godwin und Santo Borzi, die mich mit ihren wunderbaren Kreationen inspiriert haben.

Ich danke Simon und Chloe, dass sie mich so warmherzig im New Forest aufgenommen und mir ihre Bienen vorgestellt haben. Zena danke ich dafür, dass sie mich engagiert hat, über Simons Bienen zu schreiben, und für ihr Engagement für guten Honig.

HH, ich danke dir, dass du dich in dieses Abenteuer gestürzt hast. Du bist mein bester Testesser und der Traum von einem Unterstützer. Danke, dass du mir einen Großteil deiner Tiefkühltruhe für meine 101 Eiscremetests überlassen hast und geduldig manchmal fast bis Mitternacht auf ein Abendessen gewartet hast.

Ich danke meiner Mum Louise und meinen Großmüttern Mavis und Betty, dass sie mich in der Küche aufgezogen haben. Ihr habt mir die Liebe zum Kochen geschenkt!

Die Autorin

Amy Newsome lebt in London. Sie ist Gartenbauerin, Gartendesignerin, Food-Autorin und Imkerin. Nach einer Laufbahn im Mode-Marketing schulte sie auf Gärtnerin und Imkerin um, arbeitete für den Sternekoch Raymond Blanc, die Bio-Gärtnerin Anna Greenland und die Royal Botanic Gardens, Kew. Gemeinsam mit der gemeinnützigen Organisation Food Behind Bars setzt sich Amy dafür ein, Imkereien und Küchengärten in Haftanstalten einzuführen. Amy verbringt Ihre Zeit im Moment mit der Anlage und Pflege von Gärten, der Imkerei, dem Kochen und Entwickeln kulinarischer Kreationen sowie mit dem Schreiben, was sie am allerliebsten im Garten tut. Als Autorin ist sie für verschiedene Magazine wie *Bloom* tätig und schreibt über Themen wie Sortenhonige und das Kochen über Feuer.

Titel der Originalausgabe:
Honey. Recipes from a Beekeeper's Kitchen.
Erschienen bei Quadrille, einem Imprint von
Hardie Grant Publishing

Copyright Text © Amy Newsome 2023
Copyright Fotografie © Kim Lightbody 2023
Copyright Design und Layout © Quadrille 2023

Deutsche Erstausgabe
Copyright © 2023 von dem Knesebeck GmbH & Co. Verlag KG, München. Ein Unternehmen der Média-Participations

Projektleitung: Pia Clemente, Knesebeck Verlag
Übersetzung: Brigitte Rüßmann und Wolfgang Beuchelt, Scriptorium GbR Köln
Freie Übersetzung Gedicht S. 42: Brigitte Rüßmann
Satz und Lektorat: Antje Eszerski für booklab GmbH, München
Umschlaggestaltung: Leonore Höfer, Knesebeck Verlag
Druck: Leo Paper Products Ltd.
Printed in China

ISBN 978-3-95728-750-2

Alle Rechte vorbehalten, auch auszugsweise.

www.knesebeck-verlag.de

Ein großer Dank geht an die Frauen, die mir großzügig erlaubt haben, ihre Rezepte in diesem Buch zu teilen:

Das Fladenbrotrezept auf Seite 132 stammt von Helen Graves aus ihrem Buch *Live Fire: Seasonal Barbecue Recipes and Stories of Live Fire Traditions Old and New*, © 2022. Abdruck mit freundlicher Genehmigung von Hardie Grant Books, London.

Die Rezepte für Marokkanische Mandel-Briouats auf Seite 181 und Marokkanische Halwa Chebakia auf Seite 178 stammen von Christine Benlafquih aus ihrem Buch *Taste of Maroc's, Moroccan recipes: Traditional Moroccan dishes* (tasteofmaroc.com).

Das Schichttortenrezept auf Seite 207 ist eine Adaption von Michelle Polzine aus ihrem Buch *Baking at the 20th Century Cafe: Iconic European Desserts from Linzer Torte to Honey Cake*, © 2020. Abdruck mit freundlicher Genehmigung von Artisan, ein Imprint von Hachette Book Group, Inc.

Hinweise zu den Rezepten

Die im Buch als Zutaten angegebenen Honigsorten sind lediglich Vorschläge. Nach Geschmack können Honigsorten verwendet werden, die gerade zur Hand sind. Die beste Wahl sind jedoch rohe Imkerhonige (ungefiltert, nur gesiebt, nicht erhitzt) aus der Region.

Wenn nicht anders angegeben, sind die verwendeten Eier stets Größe M aus Freilandhaltung.

Alle verwendeten Zitrusfrüchte sind Bio-Ware mit ungewachster Schale.

Obst, Gemüse, Fisch und Fleisch sollten beste Qualität, idealerweise Bio-Qualität haben.

Ungewöhnliche Zutaten finden sich im Internet u. a. auf: souschef.co.uk.

Tipps für angehende Imker:innen

Wer mehr über Bienen und die Imkerei erfahren will, informiert sich am besten beim Imkerbund seines Heimatlands:

Deutscher Imkerbund e. V.:
deutscherimkerbund.de

Portal für die Imkerei der Schweiz:
www.bienen.ch

Österreichischer Imkerbund:
www.imkerbund.at